聽懂暗示，跟誰都能聊不停

【図解】相手の気持ちをきちんと聞く技術

郭欣怡◎譯

平木典子

聽懂暗示語，人際關係無往不利

或許多數人都認為，「聽話」比「說話」簡單多了，也因此常陷入這樣的迷思中：「既然只是『聽』就簡單輕鬆了，非旦不需要準備自己應該說的話，更不需費盡苦心、思考該如何表達自己的想法。所以不必太在意對方的心情，更不用擔心自己的說話內容。」

誤解他人語意，與人溝通寸步難行

然而，換個方向思考，假如當你正在說話，但聽者卻無法站在你的立場思考，或者只是左耳進、右耳出，無法完全解讀你的意思、甚至誤解你的說話內容，這時候，你該如何是好？

無法仔細傾聽、無法了解他人語意，就算毫無惡意，也會使周遭的人感到不

悅及困擾！說得極端一點，不懂傾聽的人，可能連去便利商店買個東西都有困難，在和家人或朋友相處、甚至職場上的人際關係，也可能常常出師不利，更不用說想在親密關係，或需要深度交流的心靈關係中獲得任何回饋了。

所謂的「溝通」，在「說話者」與「聆聽者」出現時便已成立，若雙方都能扮演好自己的角色，就能打造愉快的人際關係，並維持平和穩定的社交生活。

如何回話，才能讓對方有好感？

當我們想表達自己的想法時，記得不要過度強調自我主張，避免攻擊性的發言，互相尊重並站在為對方著想的立場，才能成功地表達自己的想法，同時得到對方的信任。

「傾聽技巧」與「說話技巧」，兩者對於溝通來說缺一不可，同樣重要。而「傾聽」的難度，甚至可能高過於「說話」。希望大家能藉由本書內容，充份了解「傾聽」的真正意義，以及如何**藉由「傾聽」拓展人際關係**，一探「表達自我」的真正意涵。

本書完成之際，感謝在前作中擔任責任編輯的菱田美島小姐、大屋紳二先生，齋藤稔先生、富永三紗子小姐等，感謝您們的大力相助，我將永銘於心。

二〇一三年九月　**平木典子**

Chapter 1

如何聽出弦外之音？

Chapter 2

聽懂暗示語，是打開話匣子的關鍵

Chapter 3

透過態度和表情告訴對方「我正在聽你說」

Chapter 4

傾聽時的關鍵句

Chapter 5

聽出各種立場的心聲

Chapter 6

情緒不同，暗示語言也不同

第 1 章

如何聽出弦外之音？

溝通的成敗，取決於能否聽出對方內心真正想說，
卻沒說出口的話。
聽懂比會說話更難，你得學會用話看穿人心。

1 一句「我沒事」，背後暗示……？

解讀對方的「心情密碼」，如何精準判讀？

當我們在與人談話時，雙方都想藉由語言、表情或態度，傳達自己的想法。然而彼此接收到的訊息解讀，卻不只一種。

比方說，假設你問朋友：「你怎麼了？」，而對方回答：「我沒事」。

當他回答「我沒事」的時候，**心中可能有兩種截然不同的想法：「謝謝你的關心」或「你不用管我」**。若被問的人當下心情沮喪，他會以悲傷或憤怒的負面心情，自行解讀問話者的關心。為什麼面對同一句話時，我們解讀的方式卻如此地截然不同呢？因為人人都有著自己的「解讀模式」。

解讀方式，為何因人而異？

每個人對文字和語言的解讀模式，會依照自己從小到大的生長環境有所不同，除了依照此模式表達自己的想法外，同時也依此模式解讀他人的語言密碼。

就以上的例子來說，將「我沒事」的回答，解讀為「謝謝你關心」的人，就是屬於「當別人為自己擔心時，會表達感謝之意」。

另一方面，將「我沒事」解讀為「你不用管我」的人，或許他們心裡不想給別人添麻煩，認為別人的擔心反而會讓自己感到壓力。

此外，感受到別人的關心，反而表現出沮喪和壓力的心理狀態，其實是一種缺乏自信的表現。這種人不想被別人探索自己的內心世界，總是隱藏自己的情緒：悲傷、失望與憤怒等等，想了解他們的真實情緒，需要多費點心。

Point!

每個人對「語言」的解讀模式都不同。

一句「我沒事」，背後暗示全然不同

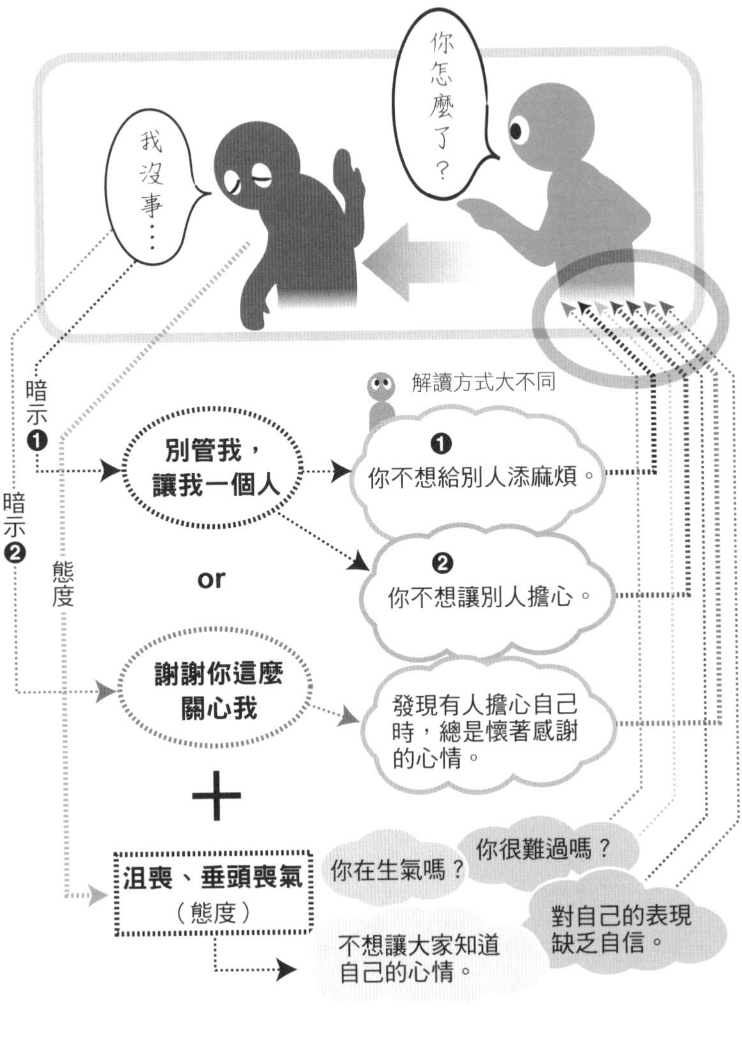

只是簡單的一句話，就能傳達出多種不同的意思，從回答中可以了解對方的想法和自己的個性。

2 聽出暗示語，才能聽明回話、提問

他想講的話，你真的聽懂了嗎？

大家都想用自己的方式將想法傳達給別人，同時也期望對方可以完全理解自己說的話，然而實際的情形並非如此，因為聽眾會以自身的想法，接收外界傳達的訊息。

在談話時，說的人和聽的人無法看見彼此的內心；我們自以為在「溝通」，其實，都是以自己的溝通模式發話、解讀對方話中的含義（這就是溝通的真實面貌）。

用他的邏輯，理解他說的話

為了能正確地判斷並理解彼此的想法，我們就必須特別注意傾聽的方式。關鍵在於依循對方的溝通模式，解開他的語言密碼。

談話的另一方無法將他要說的內容「套用」你的溝通模式表達，要進行談話或溝通的雙方，**應該依循對方的溝通模式，先聽出對方話中隱藏的暗示**。

前一節所舉的例子，當對方回答：「我沒事」的時候，我們應該思考，該用什麼樣的心情與態度聽進他的話，並同時試著理解他所表達的想法和內容。

相反地，換成你被問到「你還好嗎？」，當你回答「我沒事」之後，若你心中想的是「有人關心我，好感動」，可以加上一句「**謝謝你的關心**」，你真正的想法就更容易傳達給對方了。

不過，當對方的關心或關注，反而成為你的心理負擔時，說完「我沒事」之後，可以再加一句「**我一個人可以設法解決的。多謝**」，讓對方了解你只是暫時的低潮，**最好讓你一個人靜一靜**，無須過多的關注。

Point!

找出對方的溝通模式，才能聽出話中的玄機。

該如何聽懂對方「內心的聲音」？

■ 你在「說」和「聽」時，都是依照自己的「溝通模式」

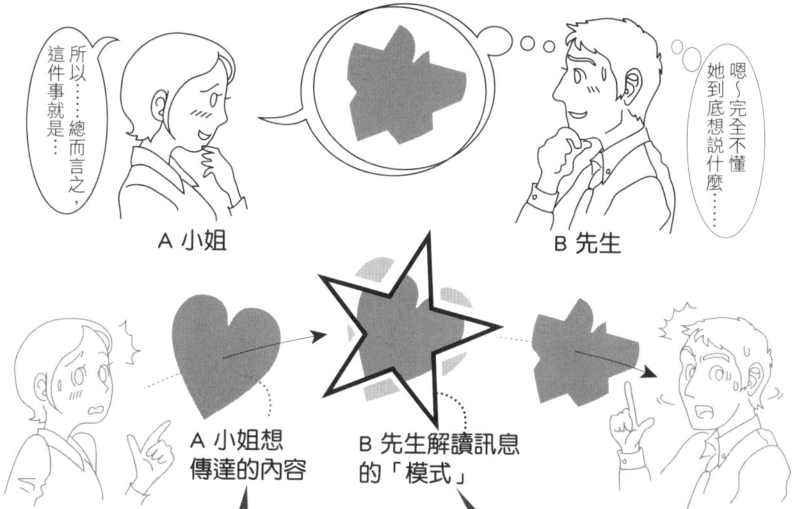

當對方無法了解你說的話，該怎麼辦？

以自己的思考模式，解讀對方的意思

多加一句話，更精確地表達自己的想法。

找出對方的說話模式，了解之後再聆聽。

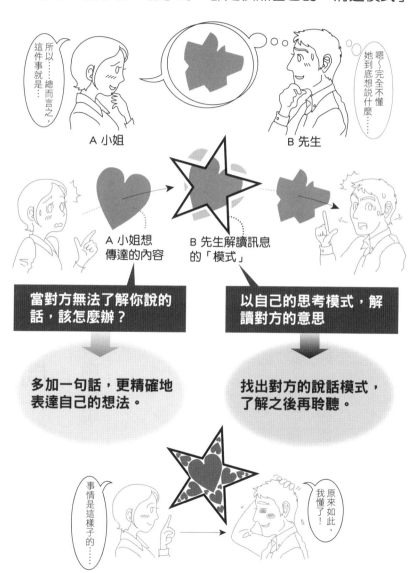

3 「聆聽」、「傾聽」、「詢問」的差異

「傾聽」是積極表現；「聆聽」是被動表現

「聽到」的意思是「**外界聲音進入耳朵，聽到聲音**」。只要聽到聲音，我們很自然地會想知道那是從什麼地方、什麼東西（人）發出來的，而當耳邊傳來說話的聲音，也自然會想知道「說話的內容是什麼」。

不過，很多時候我們都只是右耳進左耳出，單純的「聽到」而已。

「傾聽」指的是「**充分了解對方的感覺、並且試圖了解對方想傳達的內容**」。

「聆聽」是被動的，代表單純的接收到說話者的訊息，而「傾聽」則是主動積極的想了解對方的感覺，了解對方的思考、表達模式，進一步地了解對方真正想說的話。

善用提問，讓他主動說出內心話

該如何了解對方的思考和表達模式？以前面所提的例子，當你問「還好嗎？」之後，只聽到「我沒事」的回答，應該不足以判斷，而且很容易就以自己的想法下結論。這時候，你可以多問兩句。

「詢問」出你想知道的訊息，和「傾聽」對方想說的內容，目的剛好相反，**但有時卻可以透過提問，讓對方透露原本想說、但不知道怎麼說出口的話。**

不過要記住，若是一味地追問你想知道的事，反而失去了「傾聽」的心意，變成只有你單方面的「追問」了。

Point!

先聽出暗示，再問出內心話，和誰都能聊不停。

如何聽出暗示，問出對方真正的想法？

被動的

☑ 聆聽

外界聲音進入耳朵，聽到聲音。

☑ 傾聽

充分了解對方的感覺、並且試著了解他想傳達的內容。

☑ 詢問

問出你想知道的訊息，引導對方説出內心話（希望有人給他好建議）。

積極的

4 用心接收對方的「心靈之聲」

聲音、表情、態度和音調，都是必須留意的重點

「傾聽」就是站在對方的立場，試著了解他的想法，但並不是指單純地將對方所說的話照單全收，並且一味地贊同。

用「感同身受」的方式「聽」對方說話

說話者會藉著聲音、表情、語言、態度及音調，表達自己的想法，並希望聽的一方能了解。這時，擔任傾聽角色的你，必須讓說話者知道：你正在努力解讀他內心的想法。

那麼，我們要怎麼做才能了解對方的想法呢？光靠耳朵聽及眼睛看還不夠，

要連想法也和對方同步。

為了能傾聽別人真正的心聲，我們必須先將自己的想法擱在一旁，並且在心裡留一個足以接納對方想法的小空位，同時，我們也必須先對說話者的想法照單全收。這個方式稱作「感同身受」，能夠完全以對方角度思考後，接下來就要以對方的視角，用「感同身受」的方式「傾聽」他說話。

關於「感同身受」的部分，將在之後的篇幅與各位做說明。最重要的是，我們必須站在對方的立場，了解他為何這麼做，了解他希望「被理解」的部分，在心理上拉近與他的距離，並開始「傾聽」。這時候，你可以適時的回應「你說的是……沒錯吧！」，確認你的解讀無誤，並**搭配微微點頭和簡短的回應**。這些回應都是為了讓對方知道，你「正在試著了解他的想法」。

Point!

滿足對方希望「被了解」的事情，解讀暗示更容易。

肢體表情發出的訊號，是解讀暗示的關鍵

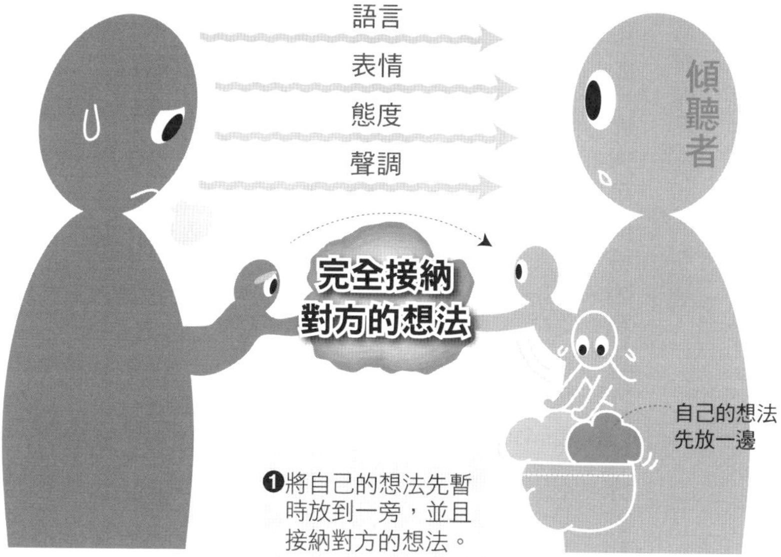
語言
表情
態度
聲調
傾聽者
完全接納
對方的想法
自己的想法
先放一邊
❶將自己的想法先暫
時放到一旁，並且
接納對方的想法。

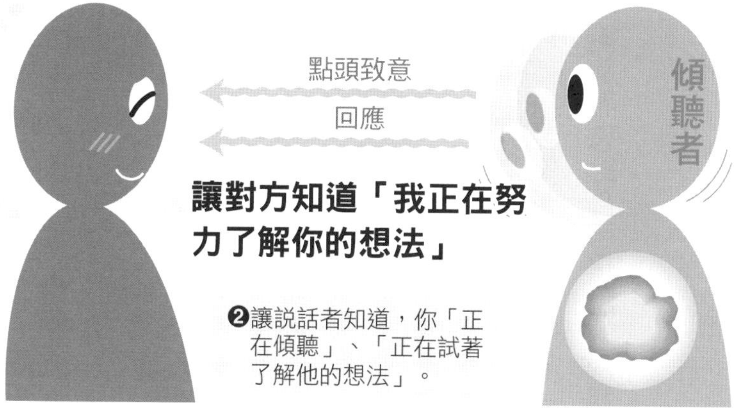
點頭致意
回應
傾聽者
讓對方知道「我正在努
力了解你的想法」
❷讓說話者知道，你「正
在傾聽」、「正在試著
了解他的想法」。

5 把對方想說的內容，包在「問題」裡

用對的提問切入重點，讓他主動說出內心話

當我們試著更深入了解對方的說話內容時，大部分的人會這樣發問：「後來怎麼樣了？」、「剛才你說的是什麼意思？」等問題。

不能只問自己感興趣的問題

但是，如果你的問題只著重在自己感興趣的地方，並不是說話者想表達的內容重點，**對方可能會因為想先回答你的問題，最後反而忘記自己想說的內容，甚至放棄原本想說的事情。**

我曾聽過一些學者專家們的抱怨：「記者採訪時，都只問他們想知道的事

情，完全不針對我想說的內容發問。我只想發表自己真正想說的內容，所以，之後不想在媒體面前發表了！」這些記者，就是典型的「**只問自己感興趣內容**」的真實例子。

在對話時所提出的問題，如果不是為了更了解談話對象，他可能也會一邊回答，一邊在心中咕噥：「你到底有沒有在聽我說啊？」最後乾脆放棄自己原本想說的事。

當他說：「你問得真好！」就表示你是成功的傾聽者

相反地，假如你提出的問題，正好是對方想說的內容，他將會話匣子全開，滔滔不絕地回答。能不能問對問題，在於你是否認真地「傾聽」對方。

身為聽眾，你可能對說話者所說的內容感到摸不著頭緒，前幾句話中，還抓不到他想表達的重點、真正的情緒是什麼，也可能遇到表達技巧不是很好的發言者，這時候就更難正確解讀談話內容了。

當你發現自己無法掌握談話重點時，適時的一句提問：「你剛剛說的，是指……嗎？」可以讓說話者更專注在自己想說的主題上，同時也能讓他說出更多。溝通高手會搭配正確的問題，不管和誰談話，都能讓對方主動聊不停。

Point!

發問是為了「了解對方」，不是滿足好奇心。

問對問題，談話絕無冷場

能讓對方說更多，才是說話高手

・配合對方的思考與溝通方式，提出對的問題。

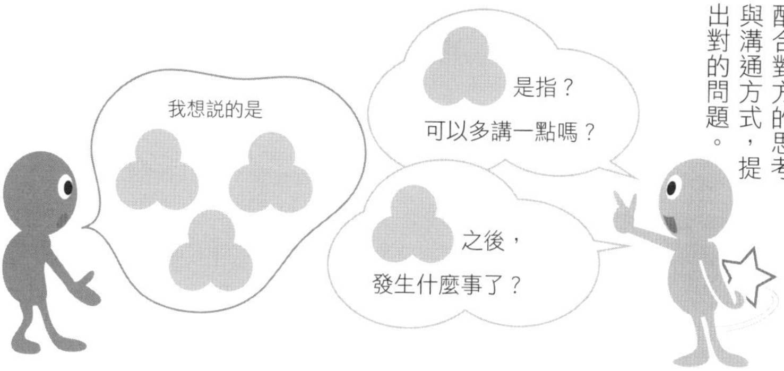

只要**問對一個問題**，不用講太多，
你就能獲得**更多的情報**。

你想知道的，未必是對方最想說的

・只問自己想知道、感興趣的內容，無視對方想表達的主題。

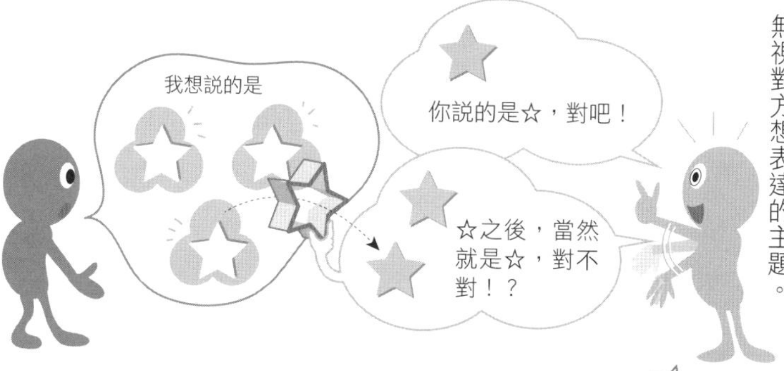

「啊，我先回答這個問題」，於是，
說話者就忘了原本想說的內容。

➡ **他覺得你沒在聽，日後也不會想找你說話了！**

6 聽出對方內心悸動、思考過程

一來一往的談話過程中，你才有機會更了解對方

現代人往往不想花心思傾聽其他人想傾訴的內容，往往只選擇自己想聽的話、或是粗略地聽個大方向，其他部分則抱持著聽聽就好的心態。但是，這種只聽大方向、選擇性地傾聽，真的能好好的溝通嗎？

主題式談話場合，可先講結論

在商場上，我們常被要求「先說結論」。先簡潔地說完結論之後，再清楚地告訴大家導向結論的過程。

在開會席上，大家也都只想聽能夠解決問題或與議題契合的內容。的確，在

這種講究「**主題**」的會話模式裡，**必須先從主題與結論開始說起**，以講求開會的效率。

然而，如果只選擇聆聽解決方案，卻對中間討論的過程充耳不聞，你的耳朵裡只會聽到「白」或「黑」的聲音，也就是只聽得進簡單的「二分法」。

而這種只聽結論的習慣和「注重主題」的對話模式，也可能會影響你與親朋好友的溝通，你會不由自主的套用到生活中。

讓對方「安心說話」的聽話技巧

比方說小孩子，他們通常是想到什麼、就立刻脫口而出。假如這時候，你以只聽結論的態度，反問他：「不能說清楚一點嗎？」、「你到底想說什麼呢？」乍聽這種反問，孩子反而不知該說出自己的想法。

原本內心有點迷惘，**本想藉著說出自己的想法，讓心情平靜，同時發現自己**

真正想說的事情；但是，若被大人這麼一問，孩子反而會因此而閉上嘴巴。就像有些人在說話時，一下子抓不到該如何有條理地敘述想法，突然要他「直接講結果好嗎？」反而會不知道該從何說起。

身為說話的一方，為了讓其他人更了解你的想法，就算想法還不明確，也要老實地說出你的迷惘；而傾聽的一方，為了更了解溝通的對象，不只是最後的結論，仔細傾聽他內心的困惑和思考過程，也是十分重要的。

Point!

談話過程，才是溝通的重點。

沒說出口的暗示，都在談話過程中

商業場合

為了求效率，可以先說結論。

會議席上

大家只想趕快聽到解決問題的方法，或與議題契合的內容。

日常生活中

「講結果好嗎？」、「你到底想說什麼呢？」

如果維持「只聽結果」的傾聽方式，原本對方想說的話，聽到這麼不耐煩的問題，也立刻被迫吞回去。

直接跳到結論 ▶ 注重**主題和結論**的對話方式

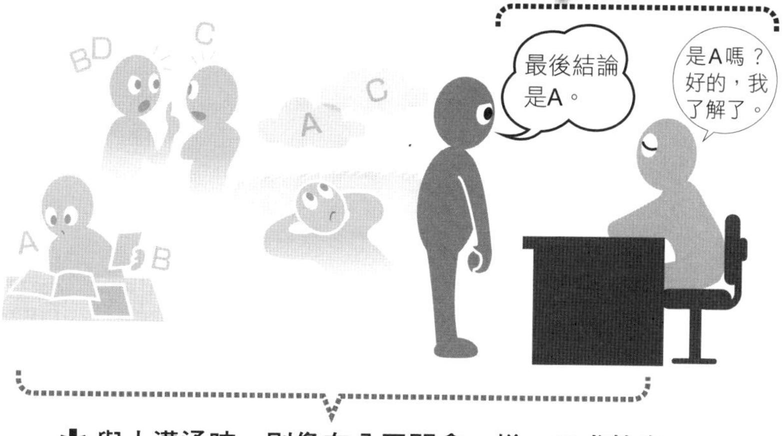

★ **與人溝通時，別像在公司開會一樣，只求效率、盡快得到解答。如何讓對方主動對你說更多，這才是最好的溝通。**

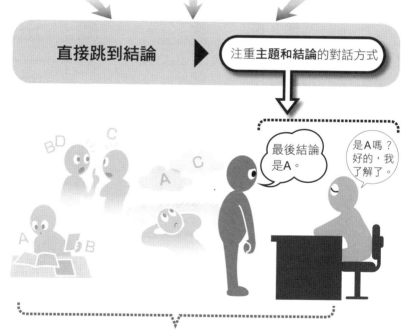

7 哪幾種人無法「聽進」別人說話？

「其實啊」和「我覺得」，讓你成為不受歡迎的談話對象

在與人談話時，你有沒有注意到，這些和你說過話的人，下一次還會再找你聊天嗎？快點檢查一下，你說話時，是否不小心犯了以下六個錯誤。

六種口頭語，都是不受歡迎的談話態度

錯誤1 用先入為主的姿態談話——「反正你就是這樣」

當你**先入為主**地認為：「反正這個人的個性就是這樣」的時候，就已經無法接納對方的想法、並站在他的角度思考了。

錯誤2 透露出你根本漠不關心——「嗯哼，喔，這樣啊」

當你對這段談話根本漠不關心時，自然就會流露出無視與輕視對方的態度，甚至做出文不對題的反應。

錯誤3 不管聊到什麼話題，都會扯到自己身上——「其實我之前啊～」

當你一直沉浸於自我世界時，就無法進入對方的世界，抓到對方說話的重點，便無法就對方的談話內容做出反應，或根本就岔開話題。

錯誤4 總是用對與錯分析內容——「這樣才是對的，你錯了」

「那是因為你錯在先」、「正確答案應該是這個」，這種說話模式，已經流於只用「正確（白）」或「不正確（黑）」的態度看待對方的想法，讓對方再也不想對你訴說心情。

錯誤5 跟你想法不同，就是錯的——「不是那樣子啦」

認為對方做錯事時，有些人習慣立刻脫口說出「不是那樣子啦」。但是，有許多時候不是他「做錯事」，**只不過是你們的想法「不同」而已**。

錯誤6 一直給建議——「我覺得、我認為、你應該」

有時候，說話者只是想找個人說說話而已，但傾聽的一方便認為對方在尋求自己的建議，因此太過積極，說個沒完。這時候，只需要適度地表現出正在傾聽的態度就好。

Point!

別搶話，別自以為是，說話高手是「讓別人打開話匣子」。

避開六種回話，人人都想和你聊

■ 讓你不受歡迎的六大 NG 態度

1 反正你就是這樣。

當你已經有先入為主的觀念時，不管對方說什麼，你都無法坦率地接納。

2 嗯哼，喔，這樣啊～

當你表現出漠不關心態度時，自然就會無視與輕視對方的想法，甚至做出文不對題的反應。

3 其實我之前啊～

講什麼都能扯回自己身上，代表你根本不想了解對方的想法，也無法就對方的談話內容回應。

4 這樣才是對的，你錯了。

總是想把所有事情分為「正確（白）」或「不正確（黑）」。

5 不是那樣子啦！

跟你想法不同，就是錯的，常常脫口說出「不是那樣子啦」。

6 我覺得、我認為、你應該……

他只是想找個人說說話而已，你便自以為是地提出建議，根本無法掌握話題重點。

8 何謂「肯定式的對話模式」？

眼神、表情、態度，表現真心交談的技巧

長久以來，我一直在推行「自我肯定訓練（assertion training）」，又名「信心訓練」。所謂的「自我肯定訓練」，指的是**重視彼此表達自我想法的權利**，以忠於自己的想法與方法達到溝通目的。

發出「我正在聽」的訊號，讓對方知道「我關心你」

溝通的模式可分為以下三種：❶只考慮自己，不管他人想法的溝通模式。❷以別人為優先，將自己的利益擺在最後的溝通模式。❸重視自己的想法，但也表現出關心對方的溝通模式。

在「自我肯定訓練」當中，將❶歸類為「具攻擊性溝通模式」，❷歸類為「非主觀式溝通模式」，❸歸類為「肯定式溝通模式」。這些溝通模式當中，最佳的狀態為❸，**忠於自己想法、也關心對方**的「肯定式溝通模式」。

那麼，如果以「傾聽」的觀點來看，「肯定式的對話模式」的對話內容是什麼呢？簡單來說，就是不斷給予對方「**我正在傾聽**」訊號的對話情境。藉由**視線、表情、姿勢、點頭致意**……等等方式，向對方發出「我在關心你」的訊息。

當然，除了這些肢體語言外，你也要適時地透過**語言上的回應**，讓對方知道你真的有在聽：「你說的是〇〇沒錯吧！」、「你真的好努力」……等等，適時地出聲回應，代表你「接收到他想表達的訊息」，說話的一方就可以清楚知道：我在說的話，你真的有聽進去。

Point!

眼神、表情和態度，加上適時的搭腔，增加你的談話好感度。

「聽懂」別人說的話，比「口才好」困難

■ 回話三模式，你屬於哪一種？

自我意識高，攻擊性強

只考慮自己，根本不想聽別人的想法。

委曲求全，一味順從

完全贊同別人的說法，不提出自己的意見。

保有自我主張，同時考慮到對方心情

提出自己的看法，但也尊重對方的想法。

聽懂對方的內心話，要直接表現出來

五個向對方傳達「**我正在傾聽**」的訊號，
讓對話得以持續下去。

- 視線
- 表情
- 姿勢
- 點頭致意
- 口頭回應

例如：「你說的是〇〇沒錯吧！」
「你真的好努力」適時地出聲回應。

讓對方知道，你真的很關心他。

9 遇到強勢或沒自信的人，如何傾聽？

不只要「聽懂」，更要讓對方感受到「你真的聽進去了」

如果你和談話的另一方，都能充分地發揮「**保有自我主張，同時考慮到對方心情**」的回話方式，彼此都能從這場談話中獲益，不僅收到回饋，更能儘情地暢所欲言。

但是，如果你遇到另外兩種人：「自我意識強，講個不停」和「委屈求全，一味順從」時，這時該如何傾聽並回話呢？

當一個人對自己的主張沒有自信時，他會避免談到真正的想法和心情，或是一直用迴避、曖昧的態度，不想表明自己的立場，也因為沒有自信，說話聲音也會愈來愈小。這時候他往往會愈說愈沒自信，並開始擔心：「你真的有在聽我說話嗎？」，不安的情緒會逐漸高漲。

對於這種一開始說話就對自己沒自信的人，你要持續表現出「我正在專心的聽你說話喔！」的態度，就能成功激勵他再主動積極地多聊一點。

只要你持續地在眼神、表情和態度上，表現出專注傾聽的樣子，**一開始沒把握、聲音小的人，也會慢慢對自己的表達方式感到自信**。

相反的，當你遇到只顧著說，完全不顧你想法的說話對象時，又該如何回應？這時候最好的方式，也是讓講不停的對方感受到：我很認真的在聽、很想聽你分享！**當一個人講不停、說話強勢時，其實內心非常希望得到其他人的認同**，你要保持最佳的傾聽態度，用肢體動作加上適時地回應，讓他感受到你很用心的在聽，接著，他就會慢慢轉為願意傾聽的一方了。

Point!

只要專心傾聽對方說話，對方就能感到安心。

學會「安靜的傾聽」，才是真正的談話高手

✱ 對方沒自信、不敢表達時──

◆不表明自己的心情或想法
◆態度不明確，用詞曖昧
◆說話聲音微弱

✱ 當對方只顧講不停的時候──

◆無視或漠視對方的談話內容
◆強迫別人接受自己的想法

嗯嗯～
原來如此啊！

眼神、肢體動作，持續發出「我正在傾聽」的訊號

●開始試著說出真正的想法。
●「傾聽」能給予對方安全感，鼓勵對方發言。

原來也有人認同我的想法是沒問題的～，好開心。

●發現「原來你真能了解我的想法！」，感到更安心。

其實是希望大家能了解我真正的意思啊！

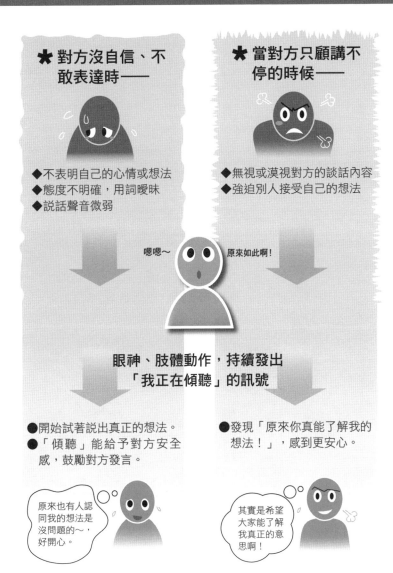

第 2 章

聽懂暗示語，是打開話匣子的關鍵

聽出對方沒說出口的內心話，才知道該如何正確回應。
讓對方覺得找到知音，他就會樂意說更多。

1 讓說話者說個痛快，是一種技術

比起「講不停」，「懂得聽」才是成為談話高手的關鍵

所謂的「對話」，指的不是談話的雙方同時說個沒完。對話時，一定是有一方說話，也一定有人必須當聽眾。

「我插不上嘴。」「我無法說上話。」有以上煩惱的人，**大部分都是因為過度積極地想發表自我意見**，或者根本不想當聽眾，最後只在意「自己沒法說上話」的人。也有些人認為，假如沒有特別的主題，就無法和別人開啟一段對話。

假如你是以上兩種類型，就得再深入了解「傾聽↓回應」的重要性。

在一段對話中，需要一位「懂得說話的人」和「懂得附和的人」。當對方正在說話，甚至是看起來很想分享某件事時，先選擇扮演好「聽話的角色」。

透過「傾聽」，針對他想說的話，以及他希望別人理解的內容提問，就是一種「在乎、關心」的表現。

只要你能仔細傾聽對方所說的一字一句，同時也積極「發問」的話，一定能夠提出符合談話主題的適當問題。

「傾聽」並不代表是消極的動作，而是一種積極的行為表現，甚至可以讓說話者感到「**有人了解自己**」的快感。好的傾聽，是一場對話的潤滑劑，也是讓一段談話完美收場的重要因素。

Point!

積極聽出對方話中的暗示，就能提出關鍵問題。

傾聽，是一種積極的談話態度

■「我插不上嘴」「我無法說上話」
（在與人交談時，你有這樣的煩惱嗎？）

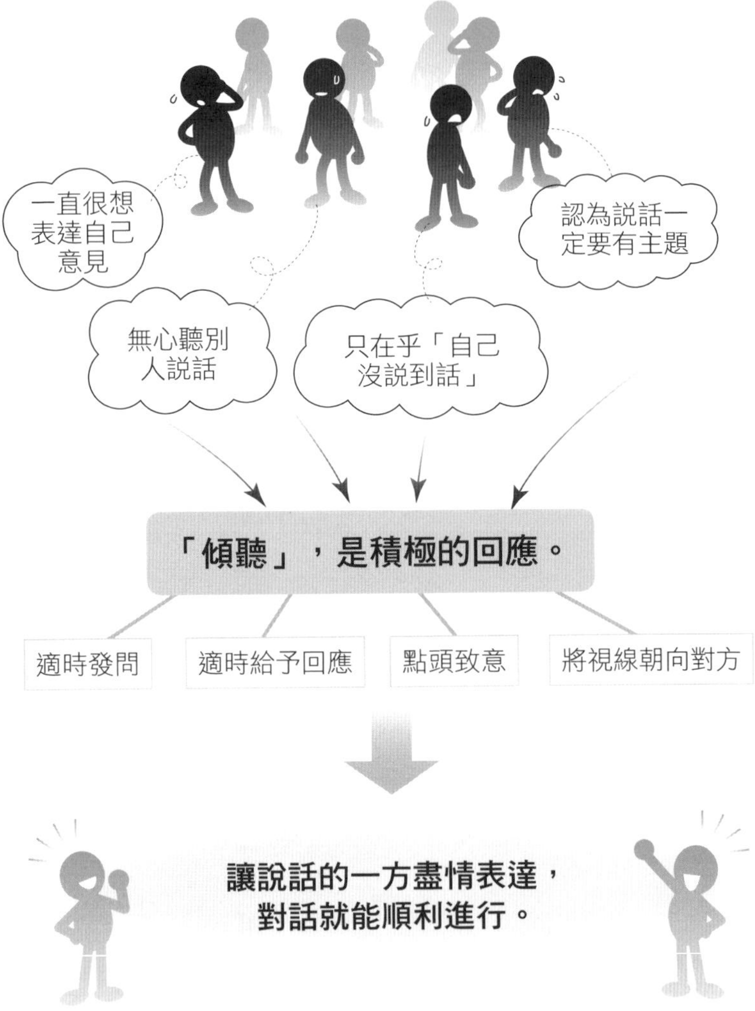
一直很想表達自己意見
無心聽別人說話
只在乎「自己沒說到話」
認為說話一定要有主題
「傾聽」，是積極的回應。
適時發問
適時給予回應
點頭致意
將視線朝向對方
讓說話的一方盡情表達，
對話就能順利進行。

2 「讀取模式」因人而異，先跟著對方走

打造一場盡興的談話，先從聆聽對方的想法開始

每個人的個性、生長環境與背景都不同，就連接觸對象的社經地位也截然不同。在這些因素的影響之下，每個人對事物的做法與看法當然也不同。

如同本書開頭所提的一樣，**我們每個人都有自己的「理解模式」**。試想二十歲的日本男大生和六十歲匈牙利藉的女性手作藝術家對話的情景（見第53頁）。毫無疑問地，兩人的語言與個性必然不同，除此之外，年齡的差異、國籍的差異、性別的差異等，兩人的「理解模式」截然不同。**兩個人假如無法「傾聽對方」，意識到二人之間有理解上的差異，他們根本無法好好的和彼此談話。**

不過，以上的狀況也會出現在二十多歲、剛出社會的粉領族之間。各自在不

同的家庭中長大，在不同學校生活就讀，所處的社經背景也不同。

也就是說，光憑「二十多歲粉領族」的條件，就代表雙方能夠有一次良好的溝通嗎？事實上，人人的想法各異，就如同我們的長相不同，每個人的「訊息讀取模式」都是不一樣的。所以，最好跟著對方的思考模式走，才能掌握了解對方的機會。

當我們與別人對話時，是將自己的「訊息傳達模式」和別人的「訊息接收模式」交換，在這其中，也包含了修正對話隔閡與誤解的過程。

溝通時，**雙方必須意識到彼此的「溝通模式」不同**，站在對方立場思考，試著挖掘對方藏在心裡的真心話。

Point!

對話是一個「訊息模式」交換的過程。

年齡、性別、成長背景，都會影響「溝通模式」

20歲 ／ 日本人
男生 ／ 大學生

60歲 ／匈牙利
女性 ／ 手工藝家

兩人的「溝通模式」，因以下的關係，截然不同

語言　個性　年齡　國籍　性別

※如果兩人無法理解彼此的溝通模式，也就無法聽進對方的話，遑論溝通了。

同樣的狀況，也會發生在同為二十多歲的粉領族之間。

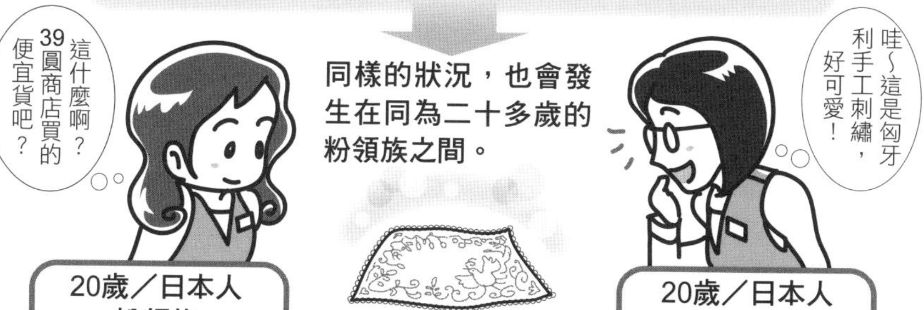

20歲／日本人
粉領族

20歲／日本人
粉領族

出生地　家庭環境　學校生活　社會背景　經濟背景

沒有兩個人的想法是完全相同的，好的「傾聽」，能化解不同的溝通模式。

3 積極關心和同理心，是建立互信的關鍵

用表情和動作強調「傾聽」，更有說服力

各位是否聽過「rapport」一詞？這是心理諮詢的專業用語，指的是心理師與諮詢者之間所形成的「融洽關係、密切度」。即使是一段平常的對話，雙方之間仍需要建立「互信關係」。建立信任關係時，關鍵在於「積極關心」與「同理心」，這兩種有什麼不同呢？

「積極關心」，指的是尊重與自己對話的對象，**重視對方的存在價值，同時完全接納對方的態度**。你可透過**語言**、**視線**、**表情**、**姿勢**、**說話音調**等，讓對方知道你對他的想法。

所謂的「同理心」，指的是**情緒與對方同步，並完全接受對方的情緒**。

「同理心」和「同感」或「同情」不一樣，一起悲傷、一起感到憤慨等負面的混亂情緒，是「同感」或「同情」，並不為「同理心」。

所謂的「同理心」，指的是站在原本和自己立場不同的一方，試著用對方的立場思考、感覺，但是並未陷入對方的情緒泥沼中。

當你傾聽對方說話時，要表現出你積極關心的態度，同時努力地以同理心領悟對方的想法，並讓說話的人知道：**你完全理解他的想法**。當溝通進行到這個步驟，雙方就已經進入「互相理解」的階段了。

Point!

以「同理心」領悟對方想法，並表達適度認同。

他需要「同理心」，不是「同情心」

建立溝通雙方的信任關係，最重要的兩個關鍵

||

積極的關心 和 **同理心**

積極的關心：尊重並重視對方的存在價值，同時表現完全接納的態度。

同理心：接受並理解對方的情緒。

★用感同身受的態度，理性地傾聽，不跟著陷入負面情緒中。

★對他的遭遇和心情感到同情，並為他感到難過。

同情 ⇐ 不等於「同理心」

情緒被對方**感染**，一起陷入負面的想法中。

➡ 積極表現你的關心，以理性的「同理心」表達支持與理解。

4 重點式整理對方說話內容，提昇理解力

仔細聽出他的暗示，再用簡短明瞭的總結引起共鳴

「傾聽」，是聆聽者體察說話者的想法，而非以自己的解讀方式，試圖理解對方想傳達的內容和心情。

總結對方的說話重點，訓練表達能力

「自我肯定訓練」當中，有一種活動叫做「**傾聽式對話**」，是一個訓練自己能以同理心向談話的對象發問的訓練。

在這個訓練過程當中，將給予參加者一個功課：「**聽完對方的發言之後，必須將其做重點摘錄，同時用自己表達方式，向對方確認。**」

比方說和朋友聊天時，他說了昨天上班途中的一段小插曲：

「昨天早上我搭上捷運，結果列車竟然在中間停了下來。我正在想發生什麼事情的時候，車內廣播通知大家，是因為前面一台列車故障、無法發動，所以車子才會在中途停下來。雖然三十分鐘後又重新啟動了，但我卻因此沒趕上一大早的會議。」

聽完這件事之後，你可以將這段對話的內容總結如下：「**所以，今天早上你因為捷運誤點的意外，最後沒能趕上早上的會議嗎？**」

然後你可以加上一句和這件事有關的回應：「其實我今早搭公車時，也因為引擎出了問題而故障，早上遲到了。」

被你說中心聲，對方會更信任你

重點整理對方說話的內容後，再回應與這個話題有關的內容——這種「傾聽訓練」的過程，確實可以讓人感受到「**在談話時做出適當回應**」的困難度。

有些人以為，只要像隻鸚鵡一樣完全重複對方的說話內容，就算是附和，或者就算總結出對方說話的重點，但還是有可能遺漏他最想表達的部分。

不過，假如我們在聆聽時，能時不時地確認對方話語中的真實涵義，無論對象和話題為何，你都能讓對方越聊越開心。

Point!

適時與對方確認他發問背後的涵義。

兩個步驟，讓你成為最佳傾聽者

避免會錯意，傾聽時要記得：

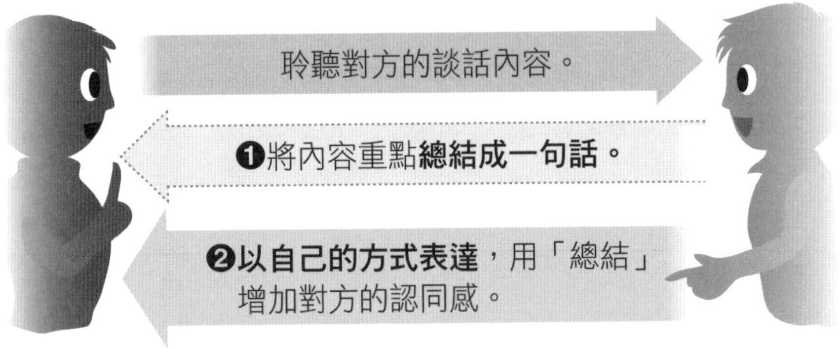
聆聽對方的談話內容。
❶將內容重點**總結成一句話**。
❷**以自己的方式表達**，用「總結」增加對方的認同感。

NG

沒有整理過內容，
只是單純地重複對方說過的話。

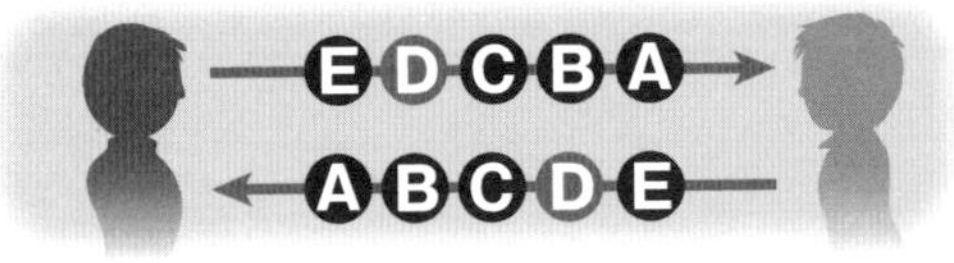
E D C B A
A B C D E

➡只是重複，感覺不出你真的有在聽。

NG

整理談話內容時，
漏了他真正想說的內容。

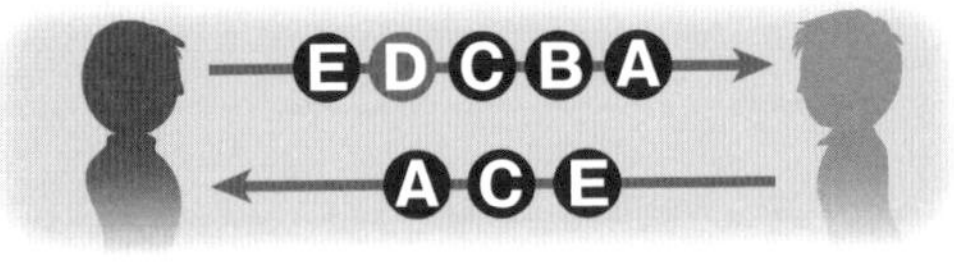
E D C B A
A C E

➡根本會錯意，傾聽的誠意大打折扣。

5 一邊提出問題，一邊接近對方的內心世界

一句「開放型」問話，就讓對方敞開心胸，絕不冷場

在一段對話中，談話的雙方對彼此都有許多疑問。尤其在初次見面時，**我們藉由不斷的互相發問，一步步了解彼此的想法。**只要能夠善用「提問」，就能成就一段有趣的對話。

善用「開放性問題」，聽出弦外之音

在對話中提出的問題，可分成「開放性問題」及「封閉性問題」。

「開放性問題」的回答模式沒有限制，回答的方式交由被詢問者來決定，無法單純以「是」或「不是」來回答。

相反地，「封閉性問題」則可以簡單地用「是」或「不是」回答，或者用簡單幾個字就能回答得了。**一段無法盡興聊天的對話，必然與「封閉性問題」脫不了關係。**

從對方的回話，展開下一個問題

例如，當你問：「星期日有出門嗎？」

「去了百貨公司。」——對方只回答了這一句。

「買了什麼東西嗎？」

「沒有。」——還是只有一句答案。

「封閉性問題」就是這種可以用「簡單一句話」回答的提問，對方自然不會想再多講其他的話。

假如將剛才的問題換成：「你星期日怎麼過的呢？」，回答的一方就可以選擇要分享他在星期日的行程，可以回答：「我去了百貨公司」，也可以分享自己「早上遛狗散步」時的趣事，可以讓對方在愉快的心情中，**選擇「自己想說」的內容**。

這時，你可以從這些回話中，發掘他的個性特徵，假如你也對回話中的話題感興趣，便可以從這些回答中拓展話題的廣度。

Point!

藉由「開放性問題」拓展對話的寬度。

聽出重點的聰明提問，聊不完的話題

封閉性問題

只能以「是」、「不是」回答，
或者用簡單幾個字就能回答。

例「上個星期日，你去了哪裡？」⇄「百貨公司」

「有買什麼東西嗎？」⇄「沒有」

◆回應的內容**有限**。　◆無法繼續談話。

開放性問題

無法單純以「是」或「不是」來回答。

例「上個星期日，你做了什麼呢？」→
「我去了百貨公司」
「早上遛狗散步」
「去看了一場電影」
⋮

●回答的一方可以自由選擇想與別人分享的內容（星期日做的事）。
●聽到這個提問的人，可以在愉快的心情下，說自己想說的話。

6 常使用「情緒語言」，是傾聽高手的武器

感性語氣和口吻，讓對方感受到你的關心

與男性相較之下，女性似乎較容易成為傾聽高手，因為女性表現出的情緒比較感性，而且對其他人的心情和情緒也比較敏感。

善用「情緒語言」回應，擄獲對方的心

很多女性似乎是天生的傾聽高手，「好辛苦喔」、「啊～那真是太好了」等等，總是能輕易地透過語言，讓對方知道：「我正在聽你說話」。

這種加上語助詞和感性語氣的對等回應，對方光是聽到，便認為「你好懂我」、「我說話真的有人在聽」。

在孩子牙牙學語，口齒尚不是十分清晰時，母親總是以「那真是太好了！」、「好棒喔！」等，帶著感性回應孩子的情緒；可是，父親總是習慣以高姿態的口吻：「到底是什麼情況？」，彷彿乘勝追擊般地質問，很遺憾地，最後孩子們也會以「算了，不用你管」來回應父親。

為何女人總是有聊不完的話題？情緒交流是關鍵

當一群女性聚集在一起時，因為彼此都是善於回應的傾聽高手，因此話題便一直不斷地拓展開來，相談甚歡，話題永遠都接得上。假如只剩一群男性開始「Men's Talk」的話，大概只會聊事實與結論，完全嗅不到情緒的交流可能性。順著對方的心情，加上一些語助詞，很容易讓對方感覺到「我正在傾聽」。

相反地，太習慣使用在工作場合時一板一眼、只求結論的理性說話口吻，很容易就顯示出高高在上的說教感。

想要避免居高臨下的說教感，可以善用帶有緩和語氣的語助詞，並與對方站在同樣的角度對話。同時記得前一節的聰明提問，用開放型的問題，讓雙方的話題持續不斷下去。

Point!

了解對方情緒，用心傾聽，就能自然說出「情緒語言」。

多一點「情緒語言」，什麼事都好商量

一般「知性語言」

講重點、說結論

在工作場合，必須用這種說話與思考方式，才能盡快完成工作。

理性
理性
理性
理性
理性
理性
理性
理性
理性
理性

➡ 判斷狀況・解決問題。

擅用「情緒語言」

和緩的情緒，對等的態度

體察他人的情緒，
站在對方角度思考。

感性
感性
感性
感性
感性
感性
感性
感性

比方說，在面對小孩子時的回應方式

說話理性的人，私底下談話時，一不小心就會高高在上的說教。

你意思是這樣子嗎？
算了，我不想再說了。

就算無法完全了解對方所說的內容，也會設法了解對方的情緒，並加以回應。

那真是太好了！
好棒喔！
嗯！
緊緊抱住！

7 擅長傾聽的人很稀有，非人人做得到

學會傾聽，是擁有好人緣的第一步

成為說話高手的兩步驟：「懂得說」與「懂得聽」，相較之下，「懂得傾聽」似乎是比較困難的。

懂得如何傾聽，誰都想和你多聊一點

雖然想要用簡單的話語表達自己的想法並不容易，但若是努力思考「如何說」，開口談話並不是一件難事；就算話術技巧還需磨練，也總是能將想法傳達一二。但是若想認真「傾聽」對方說話，必須集中精神並全神貫注。因此，我們常認為在一段談話中，「傾聽」是一種負擔，很容易忽視它。

有愈來愈多人認為：為什麼都沒人想聽我說？所以也日漸習慣隱藏自己的想法，有心事的人也愈來愈多，**大家都希望能遇到「懂得傾聽」的談話對象**。這時候，如果你是傾聽高手，人人都希望能和你多聊幾句。

在各行各業中，有些職業必須擔任顧客的「傾聽者」，例如對醫生或護士來說，傾聽病人的需求，便是一項重要的工作。

美容師、按摩師、指甲彩繪師等等，在工作的當下，也必須當客人的聽眾，除了專業技能之外，「傾聽」也是他們的工作內容，照顧「嬰兒」的保姆也是如此。基本上對大多數的服務業來說，「傾聽」其實正是他們的工作。

從事以上工作的人，假如能夠成為傾聽高手的話，想必一定能為工作表現加分；不只在工作場合，在日常對話當中，**懂得傾聽的人，也常成為朋友間的人氣王**。比起能炒熱氣氛的說話高手，滿懷心事的現代人似乎更需要一個能傾聽自己的談話對象。

Point!

學會傾聽，讓對方感到愉悅，自然就能拓展人脈。

溝通成功的標準流程：先聽、再說

■ 有愈來愈多人認為：為什麼都沒人想聽我說？

習慣隱藏自己的想法，有心事的人也愈來愈多……

大家都希望能遇到「懂得傾聽」的談話對象

■ 工作時，需要「傾聽對方」的職業——

醫生　護士　嬰兒保姆　美容師

指甲彩繪師　按摩師　旅館老闆娘

如果你是傾聽高手，人人都希望能和你多聊幾句！

8 老實告訴對方「現在沒辦法聊太久」

假裝在聽很失禮，無法傾聽時該怎麼辦？

當說話的一方無法讓你感到興趣的話，就很難保持傾聽的態度。對自己有興趣的話題，或是感興趣的對象，會更樂於傾聽，這是很自然的。

不過，只有談到你有興趣的話題時，才樂於傾聽的話，表示你比較容易以自我為中心，其實對談話的對象毫無興趣。為了扮演好的傾聽者，**你要聽出這段對話中有趣的部分，並用聰明的提問拓展話題。**

「我想聽詳情，可是現在時間有限」老實告知即可

但有時候，就算對該話題和說話的對象有興趣，也很想傾聽，不過人總是會

有分身乏術、或是累得只想休息的時候，當你真的沒辦法好好聽對方說話時，該怎麼說比較好呢？

這時候，最好的方法就是老實告訴對方：

「**真抱歉，現在不太方便說話。**」

「現在時間有限，沒辦法仔細聽你說，**可不可以改天好好告訴我呢？**」

這樣的回答不僅是為了讓自己從對話中脫身，也是為了對方著想。

心不在焉「假裝在聽」，更失禮，對方一定能感受到

當對方絮絮叨叨地講了一小時，但是你因為種種因素，已經無法再繼續傾聽了，這時可以試著坦白地向對方說：「後續的部分，我們明天再繼續囉」或者「改天再繼續聊這件事吧」。

在你根本不想聽，卻假裝有在聽的情緒之下，對說話的一方更是失禮，而且

你就更找不到適當時機中斷對方，也更無法從對話中脫身了。

「真抱歉，現在不太方便說話。」清楚地表達自己的想法，正是一種「自我表現訓練」（適當的展現自己），**同時也是一種尊重自己與別人的溝通方式。**

Point!

清楚告知「現在不方便繼續聊」，是一種忠於自己的溝通方式。

坦白說「改天再聊」，對方會知道你真的想聽

■ 因為各種原因，
無法繼續傾聽對方說話時：

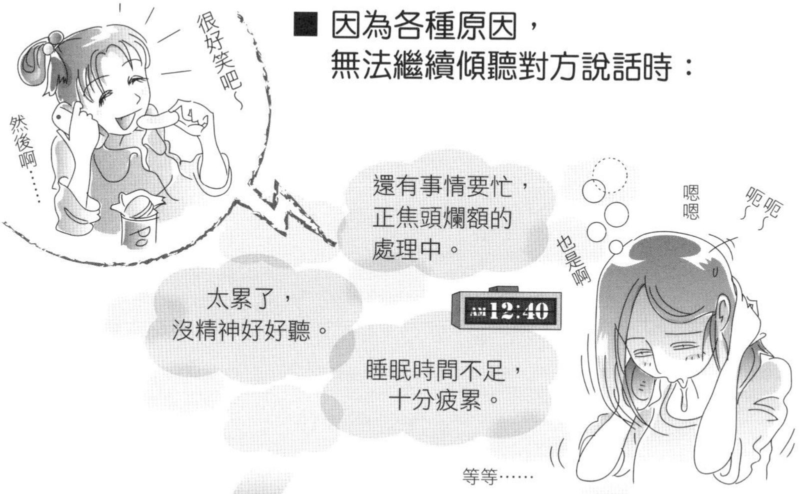
很好笑吧～
然後啊……
還有事情要忙，
正焦頭爛額的
處理中。
太累了，
沒精神好好聽。
睡眠時間不足，
十分疲累。
AM 12:40
也是啊
嗯嗯
呃呃
等等……

NG

繼續假裝在聽對方說話

◆根本不想聽，卻假裝有在聽，其實很不尊重對方！

◆完全找不到適當時機告訴對方：現在不方便說話，改天聊好嗎？

OK

老實告訴對方：「真抱歉，現在不太方便說話。」

●清楚地告訴對方，是一種尊重彼此的溝通方式，也是如何表達自己的訓練。

第 3 章

透過態度和表情告訴對方「我正在聽你說」

適時的肢體語言和表情，營造容易開口的談話氣氛。
你想知道的，對方都會主動告訴你。

1 眼神的交流，是一種無聲的對談

先發出「我正在聽你說」的訊息，是一種禮貌

聆聽對方說話的時候，必須先表現出你的**認同**，對方就會進而感受到你對他的接納，這段對話就能熱絡地持續下去。

專心聆聽，就是認同對方

「認同」與「接受」的差別，如果用英文來表示的話或許會比較容易理解：「認同」的英文是「acknowledge」，「接受」的英文是「accept」。

該如何表現出「認同」？我舉平常與人打招呼時的情景為例，當你向一個人打招呼時，表示你「已經認同有一個人站在那裡」，所以才會向他做出打招呼的

手勢或語言。

比方說，當老師們站在校門口時，老師們會向來上學的學生道早安，**這聲「早安」便代表了一種認同。**

「認同」這個階段十分重要，所以老師才會專程站在校門前，與前來上學的每一位同學打招呼，這都是為了傳達一個訊息——「我們認同你來到這間學校上課」。

如何傳送「認同」訊息？

在一段對話當中，兩人透過四目相交的眼神交流，或者微微點頭等動作，告訴對方「我正在聽你說話」。

當對方說出一件事情時，**你點點頭，加上認同的一聲「嗯」**，或者說「沒錯」、「就是這樣」等回應，**透過視線交會和出聲附和，表達你的聆聽態度**，不光只是聽，同時也認同對方所說的。

而你和對方之間的關係，也在互相點頭致意或眼神交會中，慢慢地建立起來。在與人溝通時，首先要透過語言、態度、表情，告訴對方「我正在聆聽」，然後再更進一步送出「認同」的訊息。

Point!

先認同對方說的話，接著才能認同對方。

一個認同的眼神，抵過十句好話

■ 在聆聽的時候，如何讓對方感受到你傾聽的誠意？

❶表現出「認同感」＝acknowledge
↓
❷表現出「接受對方的話」＝accept

和人打招呼時，是練習表達認同的好機會。

(例) 老師們專程站在校門前，與前來上學的每一位同學打招呼。
這就是「認同」的表現。

與人對話時……

四目相交 ｜ 眼神的交流 ｜ 點頭

● **眼神和動作，讓對方知道你「了解他的意思」。**

2 接受對方原本的樣子，對話才能有共鳴

你的好心建議，在對方眼中是說教的高姿態

所謂「接受」，指的是不以批判的口吻來提出問題，重視對方原本的真實想法。換句話說，就是對正在進行的話題表現出興趣，與對方起共鳴。從「認同」的角度出發，接納對方所說，你就能了解他的想法。

「假如我也有相同經驗的話，我的想法或處事原則會如何呢？」、「在那種狀況之下，會有這樣子的想法也無可厚非」等，**設身處地從對方的角度出發，相信你更能了解他的想法其來有自。**

這種完全跳脫批判的理解方式，就是接受每個不同個體差異的最佳表現，我們可以透過視線、表情、姿勢和動作……等，非語言的肢體訊息，表達自己的接

納與理解。

這些態度是一種催化劑，讓對方可以更自由、更坦率地表達自己的想法，無須高超的問話技巧，就能讓對方自己說出真實的想法。

當我們接受並認同一個人，就會對他產生佩服、感動與尊敬的想法，「對我來說，你很重要。」、「我很尊敬你。」這些都是能夠讓你向對方表現積極關心的訊息，多多向對方傳達你的認同與接納之意，這些肢體動作，有時比口頭上的認可更能為對方所接受。

Point!

當對方感到被接受，更能發揮原本的特質。

接受對方的全部，是「傾聽」的開始

■ 聆聽的時候，先認同、再接受

首先，先認同對方的話＝acknowledge
⬇
然後站在對方的角度，接受他的想法＝accept

❶盡量別打斷對方的發言，專心聆聽。

傳遞「我對這個話題很感興趣」的訊息
（對方的想法）

❷從感同身受的角度出發，認同對方，便可以清楚了解對方的立場。

❸「這樣子啊！」、「原來如此」、「難怪會這樣」，加上同意對方的附和。

❹接受對方最真實的想法。

3 不專心聆聽的態度，是溝通殺手

透過動作和聲音，為「聽話態度」加分

除了透過「語言」之外，我們也可以透過不同的「肢體動作」，向對方傳遞我們的想法。

除了口頭上的說話技巧，也不能忽視其他能有效表達想法的傳達方法；和語言比較之下，非語言的表現通常會產生更強大的溝通功效，眼睛會洩漏真實的情緒，大家常忽略「眼神」更有說服力。

除了直接說出你的想法和態度之外，不用語言表達的溝通，可分類為「視覺類表現」與「聽覺類表現」。

「**視覺類表現**」，又可分成視線、表情、姿勢、動作、與對方的距離、乃至

服裝等等，**凡是一切讓對方看得見的表現都包含在內**。

「**聽覺類表現**」，又可分成音量大小、說話流暢度、速度、語調、明確度、反應時機等等，**讓對方聽得「舒服」，正是為你加分的重點**。

除了語言之外，如同以上視覺類和聽覺類的表現，其實我們也透過其它媒介溝通。

在「聆聽」的訓練課程當中，有一個「不專心聆聽」的練習課程。我大膽地請學員們「不用專心聽對方說話」，藉由這個練習讓大家了解，你無意識中做出的「沒在聽訊號」有哪些。

第87頁列出五大類「不專心的聆聽態度」，而從前述的練習中，我很確定當說話的一方發現別人漠視自己的發言時，會感到空虛及憤怒。小心！你是不是也曾流露出「假裝在聽」的肢體訊號呢？

Point!

除了口說，動作和表情也是重要的溝通媒介。

這五個動作，洩漏你根本沒在聽！

■ 你是否在無意中表現出失敗的溝通態度？

❶**不看對方。**總是看著桌面或窗外，或看天花板、旁邊。

❷**雙手抱胸。**用高高在上的態度坐在對方面前。

❸**視線朝下。**不時看書或攤開記事本，做自己的事。

❹**回答敷衍。**似乎在想其它的事情。

❺**打斷對方的話題。**開始聊自己想聊的。

你無意中表現出沒在聽的態度，其實對方都知道，並且默默的扣分了！

4 聆聽時，視線應該放在哪裡？

談話時看著對方是禮貌，不可緊盯不放

偶爾把視線移到對方眼睛或嘴巴，視線是溝通時的重要關鍵因素之一。

當一個人較缺乏自信時，會害怕與說話的對方四目交接。視線會時而往下，或者游移不定，就是不看對方；在與人交談時，**不管是看地下或者左顧右盼，這種表現都很失禮。**

那麼，與人談話和溝通時，要時時刻刻緊盯著對方比較好嗎？

一直盯著對方，在這時已經不是展現自信，反而可能會被誤認為是具攻擊性的表現。緊盯對方的動作，是當人處於憤怒的情緒時才會出現，**有些人或許會將你緊盯的視線，解讀成自己被「瞪」了！**

有些人認為：「說話時總是不看對方的眼睛，這是不好的行為」、「與人說話時不能看著對方的眼睛」等等，我覺得這些言論皆太過了。有時候，當我們專注聽一個人說話時，為了全神貫注，也可能會閉上眼睛。

一般來說，與人說話時，**我們可以將視線放在對方的臉部下方**。這麼一來，當我們知道對方釋放出「請看我」的訊號後，就可以正視對方的眼睛了。

有時看著對方的眼睛，有時將視線移到對方的嘴巴附近，一邊確認對方的反應，一邊聆聽對方說話，這種表現可以讓對方感受到自己的善意、關心，也可以促進彼此關係。以上所說的視線原則，在對話中是極為重要的禮儀。

Point!

一邊用眼神觀察對方，一邊專心聽，是禮貌的表現。

視線，要放在對方的嘴巴附近

對話時的
五種NG視線

◆一直盯著對方看

讓對方感到攻擊性
（aggressive）

◆害怕與人視線交錯
◆視線往下
◆視線左右飄忽
◆斜眼看對方

透露出你缺乏自信
（non-assertive）

不管是盯著對方、或視線游移，都很失禮！

對話時的
OK 視線

從對方的眼神中，確認他的情緒

●注視對方的眼睛
●視線置於對方
下巴到脖子間
的位置
●再將視線移
到嘴巴附近

輪流看著對方眼睛和嘴巴附近，避免他感到被緊盯的壓力，同時也充分表現出你的關心。

5 僵硬的笑容，其實具有攻擊性

別讓對方苦於揣測，語言應和表情一致

表情也能傳遞許多訊息，很多人認為，我們必須時常面帶微笑，縱使生氣或者不同意某事，也必須以笑容來應對。

但是，如果一味的要求自己擺出笑臉，真正的想法就無法傳遞給對方，甚至因為心口不一，可能會出現十分僵硬、非常不誠懇的假笑。

「**明明不同意／生氣，卻面帶笑容**」，囿於無論如何都要微笑的心理，其實犯了兩個錯誤。

露出與真實心情不合的表情，**不但容易讓對方摸不著頭緒，對方也可能會解讀成攻擊性反應**：「露出假笑，是挑釁嗎？」。

也就是說，當你的表情或態度與所說的話不一致時，發送出兩種意思相互矛盾的訊息給對方，會讓另一方無所適從。

假設你臭著一張臉，答應了對方的要求。對方獲得你釋出的善意語言，但卻看到你不友善的表情，這時一定會覺得無所適從，不了解你究竟想不想幫忙？

對自己比較沒信心的人，以及充滿攻擊性的人，比較容易出現這種表情和回覆不一致的表現。

一邊聆聽對方說話的同時，也必須同時控制表情，**是否符合自己的回答和態度？是否符合自己真正的心情？**才能避免對方總是得猜測你的真實心意，徒增溝通的困難。

Point!

偶爾抽空照鏡子，練習聆聽的表情。

回答和表情不一致，容易引起誤解

不好意思，我無法接受這種說法，
完全無法理解。

雖然不同意，卻滿臉笑容

口中說出的話和實際的表現、態度不一致

矛盾的表現，讓人無所適從

發送出二種意思相互矛盾的訊息給對方，讓另一方無所適從。

覺得很難吃？真的生氣了嗎？
是開玩笑嗎？還是別的意思？

假笑反而給對方很大的壓力……

✱ 一邊聆聽對方說話的同時，也必須同時觀察自己的回應態度與表情，是否符合真正的心情。

6 善用姿勢、動作，營造談話氛圍

坐姿和抱胸位置，表現絕佳的第一印象

坐姿、站姿和手擺放的動作，都是表現自我的重要肢體語言。比方說，駝背、脖子向前傾、低頭的姿勢，容易讓人覺得說話者缺乏自信，反而營造一種無法吸引別人聆聽的氛圍。

最舒服的聆聽距離是「稍微前傾」

當一個人想仔細聽對方說話時，通常會採取較舒服的坐姿，並且將身體往說話者的方向靠近，**用稍稍往前傾的姿勢**，這時說話者與聆聽者也保持在一個最佳的聆聽距離。

坐的位置也會影響談話氣氛，面對面、或者坐在彼此的斜對面，選擇適合兩人對話的位置就坐。同時也要注意手擺在哪，當放在胸前或嘴巴附近的時候，容易給人缺乏自信的感覺；將手交叉在胸前的話，則散發出拒人於千里之外的氣息。

穿著打扮，也是溝通成敗的關鍵

服裝也是自我表現的一種，**衣服的種類與造型，將給予對方不同的印象**。有時候，必須依照對話者和談話的內容，選擇適當的服裝。

在日常生活中，假如有人明說「有重要的事情要和你說」時，也必須注意自己的服裝，從你的穿著，就能給與對方慎重與自信的第一印象。

Point!

採舒服的坐姿，身體往對方靠近，就是最佳距離。

掌握對話主導權的姿勢和動作

■ 對話中的 NG 姿勢

・低頭
・脖子向前傾
・駝背

➡這種氛圍，無法吸引對方好好聆聽

・把手放在胸前
或嘴巴附近
・雙手抱胸

◆給人缺乏自信的感覺　**◆拒人於千里之外、防衛**

■ 讓對方打開心胸說話的姿勢

・與對方保持最佳
的聆聽距離
・身體前傾
・自己覺得舒
服的坐姿
・身體向對方
靠近

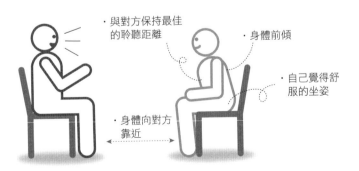

7 配合對方的說話節奏，找出插話時機

對方說話速度飛快時，你該怎麼辦？

當對方暫時沉默下來、對話出現空白時，你是否為了填補空白，急著再抛出問題或是接話？當對方沉默，很可能是還在思考，你卻開始發表高見，其實很沒禮貌。當對方說話告一段落，接下來才是你接話的時機。兩人的對話節奏不同時，你得先**找出對方的說話節奏**。

找出對方的說話節奏，基本原則就是「聆聽」。他等一下會再補充說明嗎？還是正在等我開口接話呢？聆聽時，必須從對方的說話節奏中，找出這些細節。

當對方開始沉默、不想再說話時，發言權便掌握在自己手上了。

假如你發覺對方的沉默，是因為「不想跟你說話」時，可以直接問對方：

「是不是我說錯什麼話，讓你感覺不舒服？」，利用這樣的問句，引導對方說出自己的心情。

有些人說話較慢，而且斷斷續續，這時千萬不要太焦急，別因為出現短暫的談話空白，就開始發表自己的長篇大論。

說話較慢的人，可能是習慣邊思考邊說話，建議你先認真傾聽，配合對方的說話節奏，別心急。有些人在開口說話之前，總是會思考用字遣字與表達方式，並非真的無話可說。

相反的，當對方說話有如連珠砲似的快速，讓你幾乎來不及消話內容時，也可以直接告訴對方：「剛剛說的事情，我很有興趣，可以講慢一點嗎？」

Point!

找出對方的說話節奏，就能輪到自己發言了。

沉默的空白，不用急著插話

■ 在傾聽的過程中，找出對方的說話節奏。

他現在要繼續
說下去了嗎？
還是在等我開
口呢？
……
「不想和我說
話」，所以才
沉默？
・當你確認對方沉默的意
思之後，再開口接話。

■對方說話較慢，斷斷續續時

→耐心等待，別因為對方還在思考，就開始發表自己的長篇大論。

■對方說話速度飛快，跟不上時

→老實告訴對方：「可不可以請你說慢一點？」。

■對方的沉默，是因為「不想跟你說話」時

→直接提問：「是不是我說錯什麼話，讓你感覺不舒服？」利用這樣的問句，引導對方說出自己的心情。

第 4 章

傾聽時的關鍵句

聽出對方的內心話後，才知道如何聰明回應。
打動人心，只要適時又簡短的一句話就好。

1 重點式的回應，表達同理心

善於傾聽的人，懂得加上自己的感受表達認同

傾聽時最重要的，就是不要打斷對方說話，但如果只是單純不發一語或只是用簡單的「嗯、喔」單詞附和，也可能讓對方感到不安。因此，**建議大家適時地透過一些關鍵回話，向對方傳達你的同理心。**

善於傾聽的人，除了態度與簡短、適時的回應之外，也會積極地善用能表達同理心的回應，向對方傳達認同感。

只以單詞回應絕對不夠，過於簡短的回應，無法讓對方知道你聽進去多少、理解多少，傳達的力量稍嫌不夠。點頭示意或是沉默，也可能讓對方誤以為你漠不關心或對剛才說話的內容有其他意見。

因此，**將對方的發話內容加上自己的感受，重點式的回應**，更能向對方傳達自己的認同及理解程度。

尤其當兩人是初次見面時，必須讓彼此知道「我懂你剛剛說的意思」。回話量必須較與熟人對話時更多一些，回應的反應時間，也必須更快。

回應時，要總結每一段談話，**並以自己的理解方式「換句話說」，表達你對這段內容了解的程度。**

假如能夠在正確的時機回話，對方就更能感受到「被理解、有人傾聽」的快樂。這種積極的表達關心的回話方式，可以激發對方提出更多內心的想法，同時也能建立雙方的互信關係。

Point!

積極地表達自己的興趣，建立互信感。

只有「微笑點頭」，對方反而會不知所措

■ 只是單純不發一語的微笑，或只是以單字附和，
可能讓對方感覺少了什麼。

★ **感覺這段對話，只有自己在唱獨腳戲**
完全不知道對方究竟有沒有聽進去？

★ **擔心對方的真實反應**
點頭示意、沉默，是否代表她漠不關心或有其他想法？

總結對方的發話內容、感受，再加上自己的感想，重點式的回應**更能有效地傳達自己的認同及理解。**

2 讚美是一種高明的暗示語言

不經意的口頭稱讚，會提高信任度

「讚美」可以讓對方的心更柔軟，舒緩心情。傾聽時，如果能夠適時以「那真是太好了！」、「你好努力」等讚賞句讚美對方，便可為你的善意與關注加分，也可以讓對話更順利。

讚美很主觀，不必顧及普世價值

「稱讚」與「讚賞」不同，當你覺得對方表現得很棒時，可以透過口頭讚賞，讓對方感受到你的讚美與善意；「讚賞」則是透過發送實質的獎品或獎狀，向對方表達肯定之意。

也就是說，「稱讚」不須顧及普世價值，**只要你認為對方「做得不錯」，別害羞，就直接將你的想法和讚美說出口**；但給予「讚賞」，**則必須經過比較、甚至競爭**，才能頒給優秀的勝出者。

許多父母會認為，「不能過度讚美孩子」，有些上司也認為：「在部屬尚未創造出色成績時，不能給予讚美」，有這種想法的父母與上司，通常只在對方值得「讚賞」時，才會大方將讚美之詞說出口。

常將「肯定話語」掛嘴邊

懂得讚美的人會這樣說：「那條領帶很好看耶！」而這句話背後真正的意思，其實是「**我覺得那條領帶不錯**」、「**我喜歡那樣子的領帶**」，並不表示這條領帶真的比較漂亮。

哪怕是不起眼的地方，只要能夠多注意別人身上的「值得受肯定之處」，並且不吝於開口說出，**告訴對方「我注意到了」，這種表現就是「讚美」的行為。**

相信不管是誰，都希望獲得別人的認同，當你告訴對方：「我覺得不錯」時，傳達這樣子的正面訊息，可以加深你與對方的親密度。

Point!

哪怕是不起眼之處，多注意他人「值得肯定」的細節。

一句讚美，可以不露痕跡的表達立場

鼓勵・讚賞

口頭讚美

覺得「很棒」時，直接用用**口頭表達「讚美」**。

不須顧及真實狀況，只要自己認為不錯，就可直接讚美。

那條領帶很好看耶～哪裡買的？

實際獎勵

透過發送**獎品或獎狀**，表達肯定之意。

必須經過比較、甚至競爭，才能頒給優秀的勝出者。

看得出來你很努力，這是你應得的！

擅長讚美的人，能用一句話得到對方的信任。

3 如何成為「讚美高手」？

觀察對方的優點，找出具體的表現後再開口

有時候，你也想口說好話，稱讚別人，但話總是到嘴邊又收回。不常說出讚美和拙於讚美的人，可分成以下三大類型。

㈠**完美主義者**。他們主要的想法是：「我的讚美，不能這麼輕易的說出口」、「沒達到百分百的成果，不能輕易給予讚美」等。

㈡**本身未曾被讚美過的人**。因為未曾被讚美過，所以不知道有哪些讚美的話可說，因此變得不擅長讚美。

㈢**被讚美之後，反而有不愉快經驗的人。**

「你好厲害喔」——對方的前一句是讚美，但接著下一句卻是：「那這件

事，以後就交給你負責了。」當下次再受到讚美時，他就會萌生警戒心，無法因別人的讚美而純粹地感到開心，自然而然地，他也漸漸地變得不擅長讚美了。

如何讓不擅長讚美的人，能慢慢懂得如何稱讚他人呢？只要在身邊找出一個長於讚美的人，當聽多了正面、肯定的句子之後，自然也能學會讚美別人的方法。

如果身邊沒有這種人，你也可以從「**觀察對方的優點**」開始，試著明確地稱讚他**具體的優點**。

假如你的心中產生了正面想法：「想更深入地互相了解」，你的讚美與肯定，自然就會向對方釋出善意了。

「讚美」本身就是一種認同與肯定的表現，可以幫助你更懂得欣賞其他人的優點和魅力，而我們也能學著認同別人的「天生優點」。

Point!

認同對方與生俱來的「優點」。

成為讚美高手，要多聽、多觀察

■「不擅長讚美」的三種人，你也是其中之一嗎？

❶事事要求100分的完美主義者
- ◆無法輕易說出讚美。
- ◆沒達到百分百的成果，不能輕易給予讚美。

❷很少、或是從未被人讚美過
- ◆因為不曾被讚美過，所以不知道有哪些讚美的話可說。

❸被讚美之後，反而有不愉快經驗
- ◆下次再受到讚美時，便會萌生警戒心，無法因別人的讚美而純粹地感到開心，自然而然地，也漸漸不擅長讚美他人了。

練習如何自然地說出讚美

❶身邊有不吝於說出讚美的人。

★身處於受到讚美的環境，自然也會開始讚美他人。

❷觀察對方身上的優點，具體的告訴對方。

★找出對方具體的優點，更有說服力。

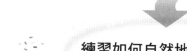

4 有時「謙虛」，也是一種失禮的表現

自謙不等於有禮，你的客氣已經否定了對方的心意

當我從別人手中收下禮物時，都會向對方說出感謝之意。事實上，「禮物」不只限於有形的物品，一句讚美、善意的關心、開心的對談……等，都是一種「禮物」。當我們接收到這些「禮物」時，**千萬不要吝惜向對方表達感謝之意。**

有些人因為不習慣聽到讚美，常以「不好意思」、「過獎了」、「沒有啦、沒有啦～」代替簡單的「謝謝」，以表達自己的謙虛之意。

但事實上，當別人讚美自己「很棒」時，如果以「沒有啦～」來回應對方的話，其實很沒禮貌。**雖然這是一種自謙的表現，但卻否定了對方的心意。**就這層意義來說，等於告訴對方「**我才不相信你說的好聽話**」。

簡單的一句「謝謝」，就可以讓對方確實接收到你對他的感謝。尤其當我們面對公司的後進或部屬時，適時地表達感謝之意是十分重要的。**假如你從前輩或主管的口中聽到「謝謝」時，一定會感到開心、被肯定，並充滿幹勁**。站在不同的立場思考，相信你一定能了解他們的感受。

在一段對話即將結束時，向對方表達你對於彼此共享這段愉快時光的感謝之意：「和你聊天，真的好開心。」、「謝謝你，讓我收穫滿滿。」簡單幾句話，就能增加你們共度時光的充實度，同時也會讓彼此更期待下次的相聚時光。

Point!

當你接受讚美，向對方說「謝謝」時，他也會打從心底開心。

簡單說「謝謝」，就是最好的回應

★收到禮物時，馬上直接向對方表達你的感謝。

當你獲得讚美時／聽到好話時／與對方有一場愉快的談話後——

別隱藏感受，直接向對方表達你的感謝。

太過謙虛，其實很失禮

太過謙虛

＝

否定對方的好意

5 鼓勵的語言，愈具體愈有效果

別只說「你沒問題！」，要依照個性情況具體說明

當我們鼓勵別人時，經常會說：「事情一定能解決的。」有時我們也會在聽對方娓娓道來後，鼓勵對方：「你沒問題的！總會有辦法的！」

然而，有時候這樣的鼓勵，**聽起來既空虛又不負責任**。「我相信你沒問題的」，當聽到這樣子的鼓勵時，反而會讓當事人覺得「用說的當然比較輕鬆」，沒心的鼓勵會反應的說話的態度上，反而會惹毛被鼓勵的對象。

想要鼓勵對方、想要表達你的支持，這時候，究竟該怎麼說呢？

在說出鼓勵或打氣的話之前，你得先了解對方的能力、個性、努力的過程，**盡量以他的能力和實際的狀況來鼓勵對方**，例如：

「以你的能力，和目前的情況，我相信你可以度過這關。」

「以你的努力，再差一步就成功了！」

你也可以用自己的親身經歷，來為對方加油。例如有位喜獲麟兒的新手媽媽，獨自努力撫養小孩，二十四小時不分日夜地照顧，終於有一天，她累壞了。孩子出生兩個多月後，她十分疲累，不知道再這樣下去該怎麼辦，於是她打電話給另一位早自己生產完的朋友。

這位朋友便告訴她：「最辛苦的就是前三個月，**所以你再熬一個月，一切都會好轉的。**」因為聽到了朋友的親身經歷，新手媽媽因而豁然開朗，也重新打起了精神。

當對方忍不住抱怨「我想放棄了」、「好累」的時候，別只是說「你可以的」，根據他的個性和實際情況，說出具體的鼓勵吧！

Point!

具體的鼓勵和「過來人」經驗，最有鼓舞效用。

具體的鼓勵，才有效果

盡量舉出具體的例子鼓勵對方

就對方的能力或個性，及到目前為止的付出給予鼓勵。

ex. 「以你的能力，和目前的情況，我相信你可以度過這關。」

ex. 「以你的努力，再差一步就成功了！」

以實際經歷，讓對方看到終點就在眼前

因看不見的未來而感到不安

看見終點的可能

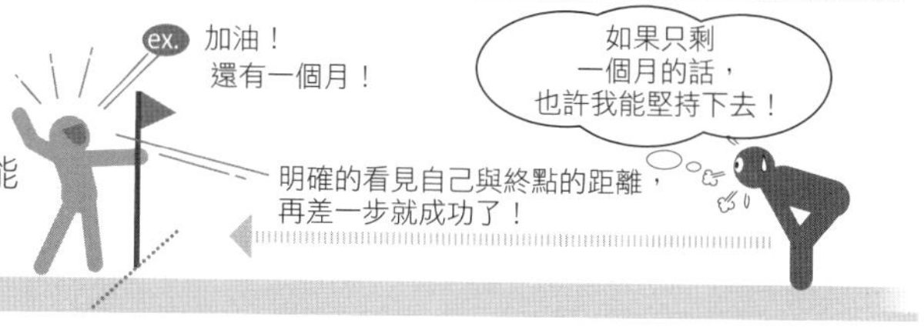

6 溫情的一句話，改變對方談話的心情

感同身受的安慰，而非空洞的打氣

完成一件重要工作之後，你是不是很想找個人一起分享工作的甘苦談？當遇上麻煩事，終於解決時，我們也會因心情放鬆了，想找個人說說這段經過。這時候，你希望對方說些什麼呢？

當對方跟你說「真是辛苦你了」、「你好努力喔」、「你好認真」的時候，**除了安心感之外，也會因為辛苦後得到慰勞而感到開心**。若是你聽到朋友和你分享工作甘苦談，或者吐苦水時，應該要適時地回應他一句安慰的溫馨話語。

有時候，朋友可能處於艱難的人生低潮時刻，比方說考試落榜了、未能順利升遷……等等。

先觀察對方的表情和語氣，推測他當下的心情後，再回應一句溫馨的安慰，**讓他改變心情、重新振作。**

凡事不能只看最後的結果，花了許多時間的辛苦過程更為重要。「你所做的一切，絕對不會白費。」、「你已經盡力了！」當我們仔細傾聽對方說話時，除了結果之外，**也要提醒對方在過程中曾經多麼努力，讓他知道自己並非徒勞無功**，同時給他一句溫馨的回應。

「真令人感到遺憾！」、「好可惜」……，這樣的同理心慰問，也可以讓對方即時感到安慰。

Point!

了解對方的狀況和心情後，給他溫馨的一句話。

適時提醒他：「你已經盡力了！」

當朋友完成一件重要的工作，或是解決一件麻煩的狀況後……

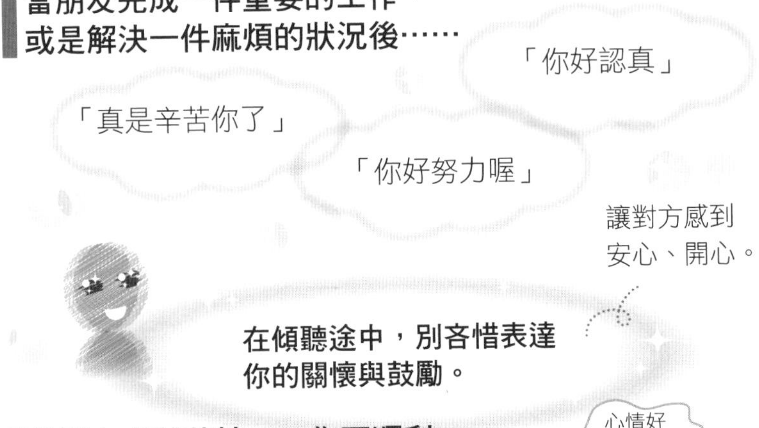
「你好認真」
「真是辛苦你了」
「你好努力喔」
讓對方感到安心、開心。
在傾聽途中，別吝惜表達你的關懷與鼓勵。

當朋友考試落榜、工作不順利，陷入低潮時……

感同身受，為他感到難過
心情好差……
真的。我真為你難過……
心情好差……
開心一點！
加油打氣
遭受打擊
否定對方的心情
NG

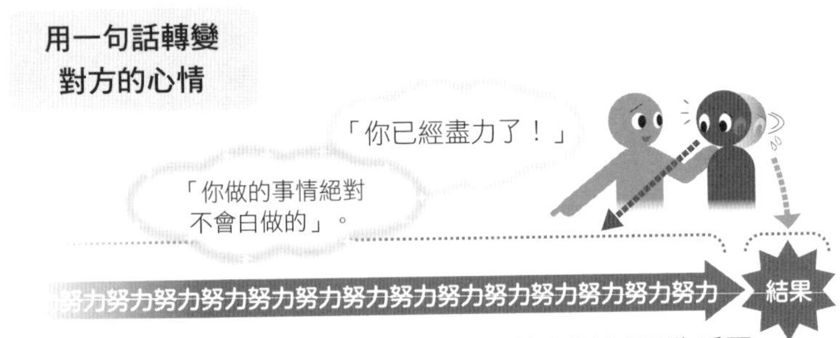
用一句話轉變對方的心情
「你已經盡力了！」
「你做的事情絕對不會白做的」。
努力努力努力努力努力努力努力努力努力努力努力努力努力努力努力
結果

・凡事不能只看最後的結果，花了許多時間的辛苦過程更為重要。

7 安慰之前，先用「同理心」了解對方

表達同理心的安慰，避免流於場面話

有位朋友因為沒趕上馬拉松大賽，非常的沮喪。事情是這樣的：「昨天是馬拉松大賽，為了提早到現場，我早上五點就出門了，結果路上嚴重塞車，最後錯過了開始的時間，無法參加。為了這個比賽，我從半年前就開始準備了……」

聽到這段話後，如果你回應：「（沒能參加比賽）真是很讓人失望。」對方就能知道你懂他的心情。可是，如果你說「（塞在車陣中）真的是很累」，對方的心情可能會截然不同。

的確，被塞在車陣中是很累人的事，**但朋友想表達的重點，並不在塞車**，你必須聽懂對方的心情之後，找出他想表達的重點，再說出合適的安慰句。

當你準備說出「安慰」的話時，必須先仔細聆聽，同時要了解對方的想法，說出安慰時，**最好使用和情緒有關的句子表達**，例如：「想必你一定十分**失望**吧」或「真是太令人**氣憤**了」……等等，都可以發揮「安慰」的功效。

安慰對方之前，先以同理心傾聽，再以符合對方心情的內容回應。

讓人感覺最沒有誠意的安慰，應該就是敷衍的回應「這樣啊～有這種事？」，最後就算說出「你一定覺得很失望」，反而會讓對方更陷入低潮。

在聆聽時，先讓對方把重點放在「**事情的經過**」：「**你真的很努力耶！**」，之後安慰的話中，**再加上對方的情緒**：「**想必你一定十分失望吧……**」

最困難的安慰場面莫過於當朋友失去重要的人時，有時候，我們還真不知道該從何安慰起，不妨老實說「我真的是不知道該如何安慰你」。你可以和這位朋友保持聯繫，傳遞你會一直陪在他身邊的訊息，這也是一種同理心的表現。

Point!

安慰的用語，要切中對方的心情。

先肯定努力過程，運用有情緒的安慰句

首先，你得了解對方的心情

「**昨天是馬拉松大賽**，為了提早到現場，我早上五點就出門了，結果路上嚴重塞車，最後錯過了開始的時間，**無法參加。為了這個比賽，我從半年前就開始準備了……**」

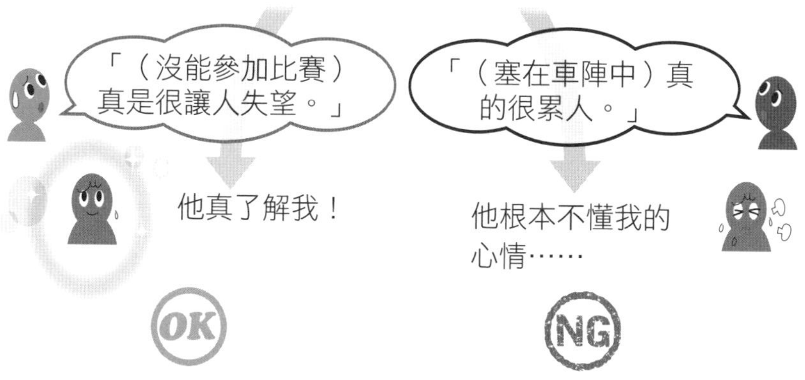

第 5 章

聽出各種立場的心聲

你和對方的關係，決定他對你有何要求。聽懂話中的暗示，判斷這時該如何回應不同的需求。

1 順應對方需要的「聆聽方式」

人人的表達方式不同，聽出每個人話中的暗示語

在聽一個人說話，並準備回話之前，我們必須先認知以下三點：**對方是什麼樣的人？個性如何？和我的關係是什麼？**

日常生活中，我們聆聽的對象不外乎**家人**、**朋友**、**初次見面的人**、**公司的同事**……等等，處於人際關係親疏兩端的，正是家人與同事。

我們與家人之間的關係密切，無論起居生活，還是內心情緒，都會相互影響、難以分割。另一方面，就工作上的同事關係來說，個人的情感較不會介入其中，如何打造讓彼此順利完成工作的關係，是最優先的考量。

假如以極端看法來表述兩者之差異的話，**就職場範疇而言，人們的行為較不**

會被好惡情緒所牽制。但家人以追求彼此之間的親密感為第一，不需要共同完成一個任務或工作，也正因如此，家人間常容易產生許多摩擦。

在聆聽對方說話之前，我們必須了解對方溝通時會採取哪一種表現模式，接著再思考回應的方法。不管對方一開始採取的溝通模式為何，是說場面話、防衛心重或是有話老實說，都會因為你的傾聽技巧和態度，改變他的表達方式。

先傾聽，能讓對方感受到你的誠意，也願意放下心防，主動聊更多；我們應該思考：如何與身邊的各種人建立良好並互信的溝通方式。和不同的人相處，我們會用不同的表達方式，因此，你也要用不同的傾聽方法才行。

Point!

表現出「聽話的誠意」，每個人都想對你說更多。

找出對方的溝通方式，是取得信任的第一步

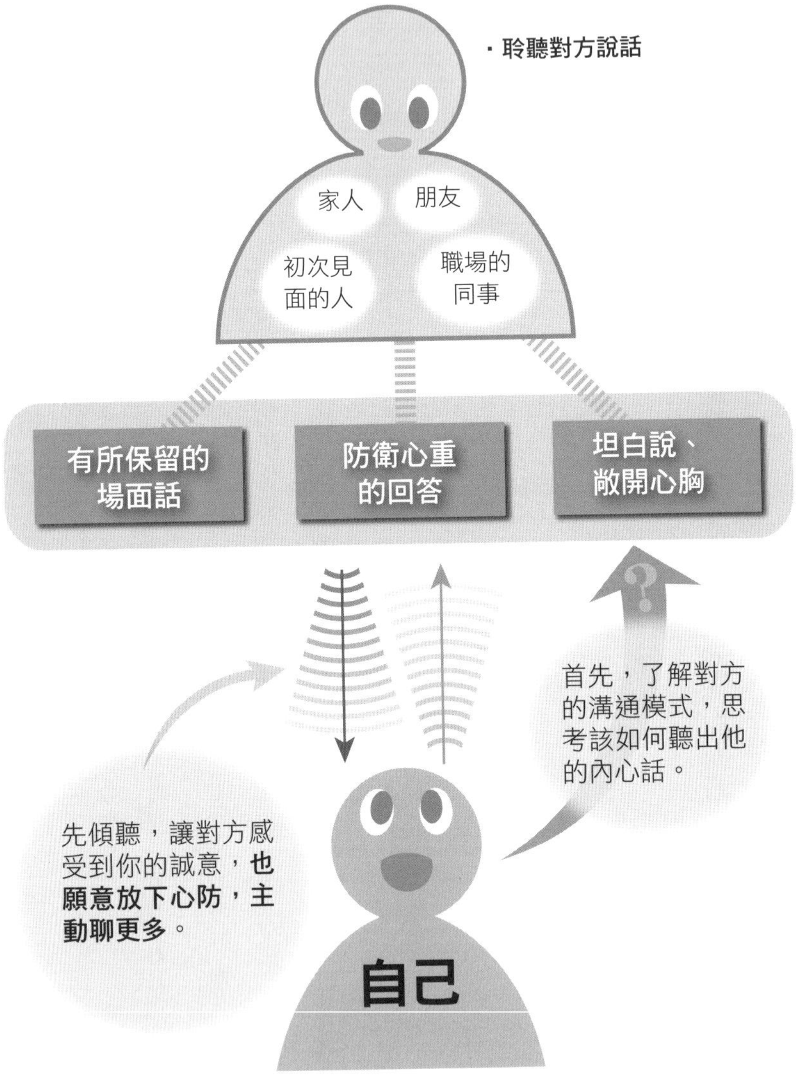
・聆聽對方說話
家人
朋友
初次見面的人
職場的同事
有所保留的場面話
防衛心重的回答
坦白說、敞開心胸
首先，了解對方的溝通模式，思考該如何聽出他的內心話。
先傾聽，讓對方感受到你的誠意，**也願意放下心防，主動聊更多。**
自己

2 給對方一點空間，不給任何建議

兩人同時說話，沒人要聽，這樣溝通一定會失敗！

很多夫妻之間雖然總是有話直說，但卻常忽略了「傾聽」也是溝通中的重要一環。爭吵的溝通主因，就是彼此都只想「說」，不想「聽」。

當兩人總是要求對方聽自己說話時，就會出現以下的對話：

「為什麼這麼晚回來？」

「加班！」

「為什麼你要加班啊？」

「當然是因為很忙啊！」

「反正你就是心裡沒這個家啦！」

「那你認為我是為了誰這麼努力的工作啊！」

另一方面，假如你能站在對方的立場著想——

「為什麼這麼晚回來？」

「**我也想早點回來陪你啊**，但是就做不完，所以才必須加班」

「真是辛苦你了～」

只要先生多說一句：「我也想早點回來」，那麼太太就能了解先生其實很想早點回家，但是因為工作的關係，不得已得晚回家。

全職家庭主婦與上班族先生的組合中，先生很容易啟動**職場上一問一答的解決問題模式**回應。

當太太說：「隔壁的太太硬要找我聊天，結果啊，一聊就是三、四十分鐘，根本不知道怎麼結束。」這時，先生就會教太太說：「那你就直接拒絕她不就好了？」

其實，太太說這些話，**只是希望和先生分享她一天的生活而已**，但先生卻只從表面的對話，逕自提出了建議。這種例子就是沒有聽出另一半的本意，根本不願傾聽對方的典型例子。

當你要回話之前，多給對方一些說話的時間，就等於多給對方一些空間，也能避免不必要的爭吵和誤會，讓兩人關係更圓滿。

Point!

給對方多說一句話的時間，就能改變他的回應方式。

雙方皆要求對方聽自己的，是溝通大忌

兩個人都搶著表達時，會演變為爭吵

「為什麼這麼晚回來？」

「加班！」

「那為什麼你要加班啊！」

「當然是因為很忙啊！」

「反正你心裡就是沒這個家啦！」（怒）

「那你覺得我是為了誰這麼努力的工作啊！」（怒）

站在對方立場，多為他／她想一點

「為什麼這麼晚回來？」

「**我也想早點回來啊**，但是就做不完，所以才必須加班」

「真是辛苦你了。」

先生只要多說一句：**「我也想早點回來陪你」**，太太就能了解，先生其實很不願意加班，**但是工作不得已，只好晚回家。**

3 稱職的聽眾，永遠不給標準答案

對話中，要優先考慮對方的情緒，不必急著分析

在孩子的成長過程中，父母必須要扮演「稱職的聽眾」。

只要孩子認為，爸媽樂意聽自己說話，任何事情都願意說出來，相反的，假如孩子認為爸媽根本不願意聽，他們也會對家人守口如瓶。

孩子常問「為什麼」，其實是暗示「想被了解」

爸媽一定都有這樣的經驗，當孩子到了四、五歲時，對什麼都感興趣，任何事情都要問：「為什麼？」

當偶爾來拜訪的姑姑將要回自己家，向大家道別時，孩子便會問：「為什麼

姑姑要回家了？」。

「因為喜歡姑姑，不希望她離開，所以想知道『為什麼姑姑要回家』」——這是孩子的想法，只要爸媽能回答：「已經要晚上了，姑姑要回家睡覺囉。」對這種年紀的孩子來說，就能理解「為什麼」了。

孩子的「為什麼」，其實是一種「想了解」的情緒，並不需要回答一個標準答案，而是要以孩子能理解的程度回話。

有時候，分享他的情緒就好

家有小學高年級的孩子，或正值國中叛逆期的孩子時，父母常用「解決問題」的態度面對。

比方說，孩子輸了一場足球比賽，回到家裡後，向爸媽訴說今天的比賽過程和結果，事實上，**他只是想和爸媽分享自己「十分不甘」的心情。**

身為父母，其實只要以同理心回應：「實在太可惜了！」就已足夠，但往往爸媽總是以「解決問題」的出發點，提供孩子解決的建議，例如「要多練習」或是「努力不夠」等等。

孩子最希望爸媽能了解自己的心情，這時候只要以同理心來感覺，就能了解他們心裡的想法。

Point!

有時候，你只需要分享對方的情緒，而非提出解答。

聽懂他的暗示，給予精神上的支持和陪伴

父母就是孩子的聽眾

若是爸媽樂意聽自己說話，任何事情都願意分享。假如孩子認為爸媽根本不願意聽，他們也會對家人守口如瓶。

4、5 歲兒童

好奇心旺盛的「為什麼寶寶」時期

「為什麼?」，其實是孩子「想了解」的表現

並不需要回答一個標準答案，而是要以孩子能理解的程度回話。

小學高年級～國中生

父母常一開始就用「說教」的態度面對→NG

ex. 孩子輸了足球比賽　❶ 同理心　（→ ❷ 建議）

4 默默陪伴，也是一種交流

真正的傾聽就是：等他想說的時候，你再聽

有一個電視節目叫作「義大利小村莊故事」，節目中的一家人曾發生這麼一段插曲。

在這個義大利村莊裡，每到中午，出門工作或上學的家人們都會回家一起共度午餐。在某個家庭裡的午餐時刻，發生了一段插曲：父親先回家用午餐，稍作休息後，兒子也回到家了。父親一邊煮著義大利麵，一邊問：「今天學校怎麼樣啊？」，結果兒子回答：「超爛的一天。」

父親又問：「今天運氣還真差啊！發生什麼事了？」接著，兒子冷冷地回答：「不要再問了。」父親聽完之後，便立刻閉上嘴巴，不再問學校的狀況。

後來節目的主持人訪問父親，詢問他剛剛的狀況。父親回答：「當兒子正在氣頭上時，**最好的方法就是默默地陪在他身邊，等他想說話時自然會說。**」

儘管這位父親心裡十分想知道：「兒子今天究竟怎麼了？」但是他並不以自己的心情為優先，反而**考慮到兒子不想說話的心情，只是靜靜地陪在他身邊**。

不久後，母親也回到家了。「義大利麵煮好了，我們開動吧！」三人便開始享用當日的午餐。

這個場景讓我們上了很重要的一課，「當我們想詢問孩子時，重要的不是孩子說話的內容，而是他們的心情」。

Point!

默默的陪伴能表達你的「尊重」，獲得更多信任。

聆聽他「現在不想說」的心聲

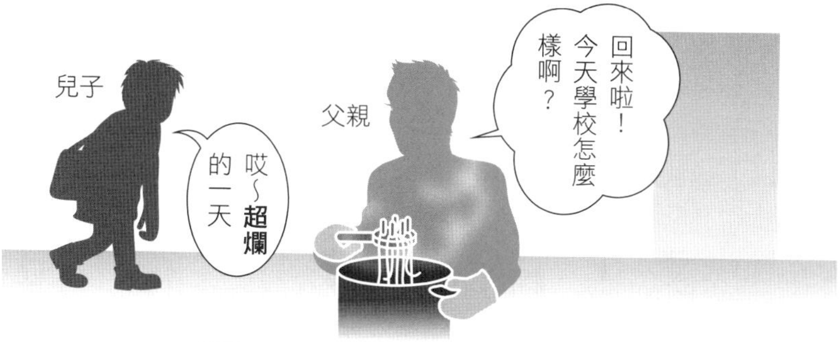

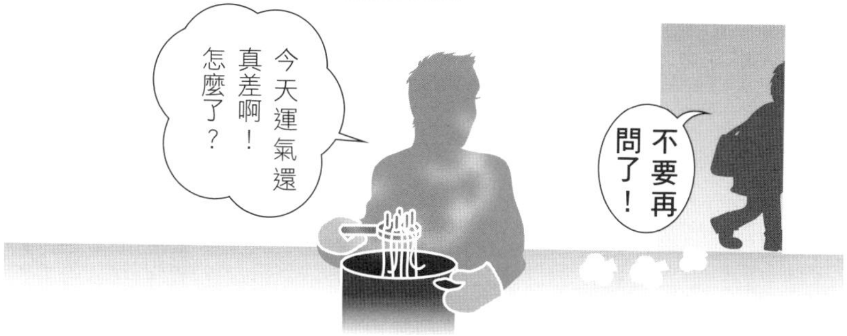

父親尊重孩子「現在不想說」的心情，不再追問

感受到兒子的心情，所以不再追問

父親將兒子的感受放在第一，先拋開自己想要追問的心情。

5 聆聽父母說話，「設身處地」是關鍵

接受對方當下的心情，表現傾聽的誠意，避免冗長的對話

親子關係將隨著孩子長大，漸漸會發生變化。當爸媽已經到了能含飴弄孫的年紀時，父母養育孩子的角色與所須扮演的社會角色比重便開始降低。

藉由回憶過往，統整人生

當一個人邁向六十歲後期時，便忍不住會開始回顧自己的人生，無論遇上什麼事情，都忍不住想老生常談。

於是，三十幾歲的兒女，常會聽到父母回憶過往，常把「以前怎麼樣、當時怎麼樣」等的往事掛在嘴邊。這時，身為兒女的必須設身處地，站在父母的立

場，聆聽他們回顧以往，千萬別認為「你以前可能是那樣，但我又不是你」。**因為父母正藉由這些「想當年」，一邊在回憶、統整自己的人生。**

或許身為兒女的你，難免會認為「又來了，又在講一樣的話」，但其實是因為你沒有專心聽、心不在焉的回應，爸媽因而不斷重複叨念。

或許兒女們因為爸媽常講一樣的話，因此感到厭煩。可是，假如你試著站在父母的立場思考，或許就能出現和以往不同的感受，「現在、當下」的心情交流，才是對話的關鍵。

接受他「碎碎唸」的習慣

每個階段的人生體驗都不同，對各種事情的感受也都不同，或許在某個階段時，會對之前的遭遇有不同的感想。當有聽眾（兒女）願意傾聽時，就能重新回顧自己的人生。

另一方面，在日常生活中，你是否常覺得爸媽很愛對你「碎碎唸」呢？

當父母在「碎碎唸」的時候，**試著放下不耐煩的情緒，接受他們的說法**：「所以爸媽希望我這樣做嗎？」，試著接受一次，然後告訴父母「我不會這麼做，因為……」或者「我想要這樣做，因為……」，**表達你已經確實聽到他們的想法**，就能開啟良好溝通之門了。

Point!

若希望對方能聽聽自己的想法，你得「先聽對方說」。

愈親近的家人，愈需要認真傾聽

老生常談的分享

藉由述說的過程重新回顧並統整自己的人生

當一個人邁向六十歲後期時，便忍不住會開始回顧自己的人生。

POINT **用感同身受的心情，當個好聽眾。**

你以前可能是那樣，但我又不是你……
以前啊……
就是這樣子
啊，哈哈哈
NG

交流「現在、當下」的心情，是彼此對話的關鍵。

叨念和訓話

不管孩子到幾歲，在爸媽心中永遠是孩子

POINT

認真傾聽後，再回應。

真是的
以前你都沒注意我都是這麼做的嗎？
這樣子啊，原來媽是希望我這麼做啊～
之後
我想用別的方法試試看。

表現出認真聽的態度，再提出自己的想法。

6 聽年長者說話，切勿咄咄逼人

對方的怒氣不是針對你，幫助他找出解決的方法

前幾天曾經遇到一對母女的對話例子，兩人因為一些狀況，三言兩語就吵了起來。

「你不記得了嗎？」是帶有責罵口氣

上了年紀的母親有輕微的失智症，發現找不到存款簿時，就開始對女兒發火：「你偷了我的存款簿對不對？」、「你藏到哪裡去了？」女兒也不高興了，心想一定得讓媽媽知道是自己亂放東西的錯：「我才沒有藏起來！是妳根本忘記放在這裡了。」

但母親因為遍尋不著存款簿，急得不得了，才會脫口說出「是不是被偷了」的話，然而女兒卻回她：「你記不得了嗎？」、「真是麻煩」。這些話對母親來說，彷彿是女兒在責備她。

聽出對方內心真正的情緒，別著急回應

當家人之間的對話開頭充滿怒氣時，最好的方法就是「切勿咄咄逼人地回嘴」。

當母親說「是你偷走的對不對」時，試著去理解「為什麼媽會這樣說？」並且告訴母親：「之前你也曾經找不到存款簿，後來是在哪找到的？」。只要能讓母親回想起「之前放在這裡」，接著再邀母親「一起找找」，她便會想起「對耶！之前放在這裡」。如此一來，就能避免一場爭吵了。

當母親說「被偷走」時，女兒回應「又不是我偷的」時，就是反駁、不友善

的回應，並沒有想要幫母親解決問題，也會讓對話火藥味更濃厚。

當母親質問「是你拿走的對不對」時，要先站在母親的立場，**接受他以為「被偷走」的情緒**，再協助她找出存簿到底放在哪裡，一起解決問題，而非一開始就用「不是我」、「你又亂放東西了嗎」等否定他的回應。

Point!

重點不是回應什麼句子，而是如何讓溝通更順暢。

產生誤會時，更要從對方的角度思考

你拿了對不對 ⇄ **我才沒有！**（尖銳反駁） NG

你拿了對不對 → **又來了，是你自己亂放。** NG

你拿了對不對 ⇄ **什麼？找不到嗎？**
聽出對方生氣的原因（找不到存簿） OK

7 一邊聆聽，一邊思考新話題

從對方身上和言談中，找出「他有興趣」的話題

當我們認識一個新朋友時，必須先介紹自己，同時加深雙方對彼此的認識，但初次見面時，該聊什麼才好呢？

運用「和對方有關」的事，打開話匣子

初次對話時，必須創造一個安全的對話模式：任何可能傷及對方，或者對方不想談的話題，都不宜觸碰。同時，你必須初步地自我介紹。不過，**絕對不要為了介紹自己，就說個沒完，內容也要盡量簡短**。初次見面就說太多有關自己的事，只會讓你成為一個失格的談話對象。

初次見面時，話題可以天南地北。至於該聊些什麼？就從對方的談話中，**找出他感興趣的主題。**

當對方介紹自己來自台南時，你可以和他聊聊「一提到台南，就覺得有好多美食啊！」等，**與他出生地相關的話題**。假如對方剛好熱愛各地美食的話，或許還能討論到其他地方的特色美食，對話就能一直發展下去。但是，如果他對吃的沒興趣，就聊些其他與台南相關的話題。

無論再怎麼熟，說話都要記得分寸

近年來，愈來愈多人重視個資，不輕易洩漏自己的資料，有時候可能很難找到聊天的話題。

不過，當我們開始和某人說話時，對方就已經開始認識自己了。如同這個原則所說，**當我們面對別人時，即時沉默不語，對方也會了解到「你是個沉默寡言的人」**。如果可以讓對方願意開口談起自己的背景，就可以進行一場很棒的對話。

如此一來，雙方會因為對彼此的感覺良好，而漸漸變得熟悉，就算無法熟起來，也能因為彼此保持了來往的分寸，維持友善的君子之交。無論是哪一種，初次見面的開場白，將會大大影響你和新朋友的後續進展。

Point!

善用對方有興趣的話題，就算初次見面，也能聊不停。

初次見面，也不怕冷場的三個原則

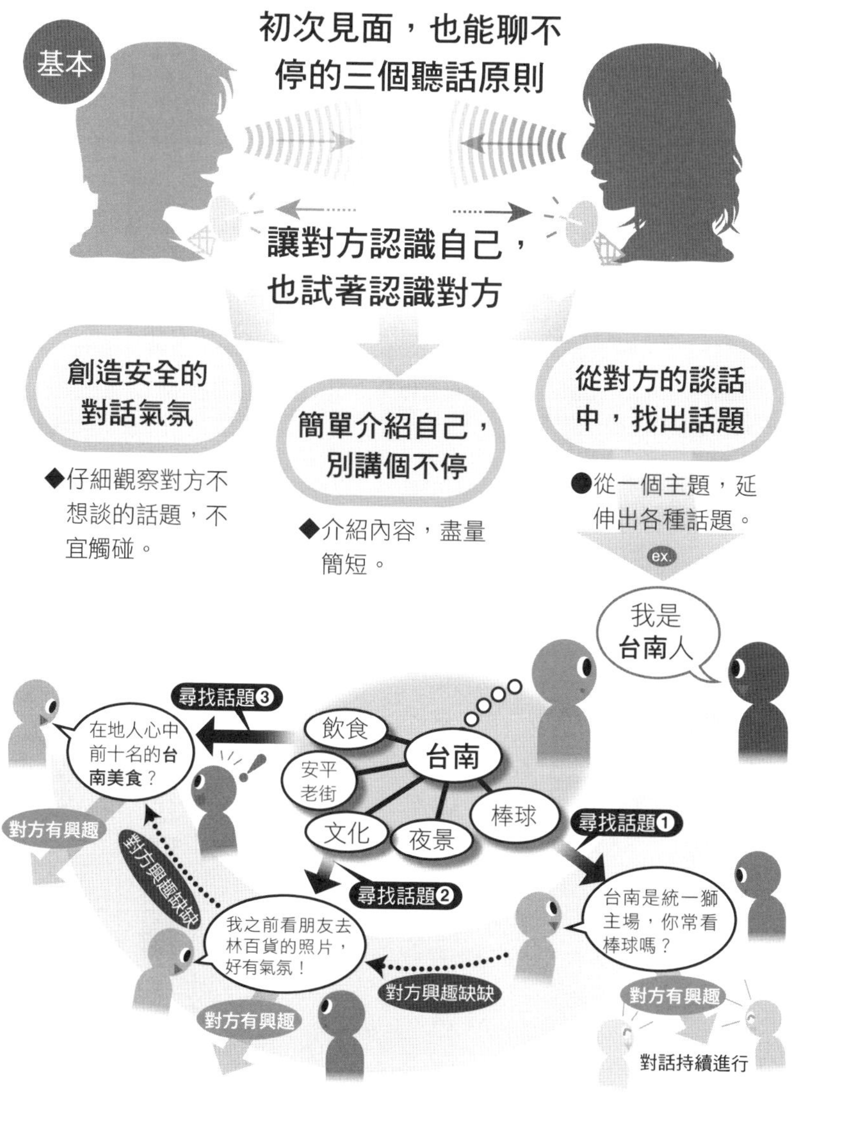
基本
初次見面，也能聊不停的三個聽話原則
讓對方認識自己，也試著認識對方
創造安全的對話氣氛
◆仔細觀察對方不想談的話題，不宜觸碰。
簡單介紹自己，別講個不停
◆介紹內容，盡量簡短。
從對方的談話中，找出話題
●從一個主題，延伸出各種話題。
ex.
我是台南人
台南
飲食
安平老街
文化
夜景
棒球
尋找話題❶
台南是統一獅主場，你常看棒球嗎？
對方有興趣
對話持續進行
對方興趣缺缺
尋找話題❷
我之前看朋友去林百貨的照片，好有氣氛！
對方有興趣
對方興趣缺缺
尋找話題❸
在地人心中前十名的台南美食？
對方有興趣

8 聽出關鍵字，讓對方更信任你

表達你「專心在聽」，要聽出關鍵句，並即時回應

當主管聆聽部屬報告時，重點不在於內容，而是主管必須了解部屬的心情，並同時做出適當的回應。

「對方不願意正面回覆嗎？」、「所以，你接下來反問對方了嗎？」當你說出這些回應時，等於在告訴對方：「**我一直在聽你說話**。」

除了報告內容之外，對於部屬的心情或想法，如果能夠適時說出「當時你一定很辛苦」的慰問語句，你們之間的關係便更上一層樓。

當主管做出適當回應時，部屬的內心一定會產生：「他真的了解我」、「這個主管值得追隨」等等的信任情緒，彼此之間的關係也會更好。

最近職場的人際關係經營，也成為工作內容的一種，雖然下班後一起去喝一杯已非上班族的常態，但我還是建議各位，有時候也要和同事們一起去用餐。

在輕鬆的氣氛當中，能讓大家感受彼此間的羈絆，同時也能藉機了解每個人的真性情，增加熟悉度；**和比較了解的人共事，能提升工作效率**。公司內的人際關係，也需要花心思去維持。

對話時適時做出回應，並且認真「傾聽」，這就是維持人際關係，為彼此的相處加上潤滑劑。擅於聆聽的主管，不需要用命令或責備，就能帶出優秀的部屬和團隊。

Point!

想要打動對方，就說出他想聽的話。

讓對方滔滔不絕的兩個傾聽技巧

Point 了解內容 ＋ 了解對方的心情，並給予回應

對方不給正面回覆啊。
所以，你接下來反問對方了嗎？
適當的回應
當時你一定很辛苦！
他真的了解我……

在放鬆的場合，大家容易暢所欲言

主管
部屬
在吃飯的場合，是了解對方真性情的機會。
提升彼此的熟悉度之後，也能提升工作效率。

擅於傾聽的人，就是經營人際關係的高手。光是「懂得聽」，就能讓好感度上升。

9 不想做的事情，如何婉拒又不得罪人？

想不傷和氣、不得罪人，老實說出拒絕原因，再提出解決辦法

面對主管所下達的指示時，部屬不一定要全盤接收，如果真有苦衷無法辦到的話，老實說出原因，比找其他藉口來得有用。但前提是，你也必須考量主管的立場，提出適當的應變方法。

理解對方苦衷，找出皆大歡喜的解決方式

假設主管對你說：「十分鐘前突然有個工作進來，可能會擔誤你下班的時間，不知道你今天可以加班嗎？」。

在工作場合，不一定得對自己的事情守口如瓶，**大可老實地告訴主管，你今**

天無法加班的真正理由：「今天是女兒的生日，所以我必須早點回家。」說出自己的理由後，**你必須和主管一起思考解決之道**。

「我可以明天早點來公司再處理嗎？」、「如果只需要三十分鐘的話，我可以稍微晚點下班，立刻處理」，你可以向主管提出拒絕後的因應對策，當你提出了解決方案，主管也知道該如何分配工作：「那明天早上就麻煩你了」，或者「好，那你盡量做，時間到了就先走，剩下的我再找其他同仁處理」，**兩邊各退一步**，雙方都能順利處理好自己的事情。

做出取捨時，切勿要求日後人情

當自己真的有重要事不得不辦時，建議你老實告訴主管，先打預防針後，再接下工作：「今天原本要和大學的朋友聚餐，不過，如果只加班一小時的話，應該沒問題。」**讓主管知道你另有計畫，但是也願意配合公司，主管也能了解部屬**

的苦衷。

不過，既然是自己做的決定，就必須自己負責，勿將責任推到主管身上，若因為答應加班一小時而耽誤到原本的私人邀約，和朋友道歉時，就該老實說出自己的決定（加班一小時），而非把責任推給主管：「都是主管要求我要加班啦！」

Point!

明白知告各人苦衷，雙方各退一步，達到共識。

不想加班時，如何拒絕才不會讓自己扣分？

■ 面對主管所下達的指示時，部屬不一定要照單全收

老實說出原因，比找其他藉口來得有用。

●**拒絕主管的要求後，提出應變方法。**

◆迅速評估自己的狀況，做出部分的取捨。

下班前，臨時來了一份報表……

主任，怎麼了？

➡ **這時候，該如何拒絕加班的要求？**

主管的要求

「十分鐘前突然有個工作進來，可能會擔誤你下班的時間，不知道你今天可以加班嗎？」

部屬拒絕的理由

「今天是女兒的生日，所以我必須早點回家。」

雙方互相理解彼此的立場，進而討論出**皆大歡喜的解決方案**。

解決方法

應變方法❶

我明天早點來公司處理，可以嗎？

那明天早上就麻煩你了。

應變方法❷

如果只要三十分鐘的話，我可以加一下班。

麻煩你多留三十分鐘，剩下的我再找別人處理。

10 刻意安排「特別時間」，讓對方暢所欲言

創造讓對方感到安心、開心的時間點和場所

當我們想好好和別人談話時，也可以挑一個「**特別的時間**」，來一段敞開心胸的深入談話。

某個家庭中有三個小孩，父母在一年當中，設定了三個和孩子談心的「特別時間」。**這個「特別時間」選在每個小孩生日的當天，他們只會帶著壽星出門，讓他挑選自己喜歡的禮物，接著在咖啡廳吃飯、聊天。**

在咖啡廳的時光，爸媽會和當天生日的孩子一邊喝茶，一邊吃著聖代，傾聽小孩說話。最近在學校的狀況如何？有沒有什麼開心的事？將來想做什麼樣的事情……等等。

沒有其他兄弟姐妹在場，又是自己的生日，所以當下的環境和平常完全不一樣。這時候，**孩子就會容易主動聊起平常不說的話題**。

孩子生日的這一天，除了得到禮物、祝福之外，還得到與父母的一場溫馨對話，這比任何禮物都來得印象深刻。

在忙碌的生活當中，不論夫妻、家庭、朋友、主管與部屬之間，實在很難好好的對話，正因如此，找出一個對方認為特別的時間，讓彼此在放鬆、愉快的心情和地點中，分享心情，也更能加深雙方情感。

Point!

在特別的時間和地點，容易聽到對方的真心話。

挑對時間和場合，你會聽到真心話

以家人之間為例
一年設定 3 次「特別的時間」
有 3 個小孩
Special time
在每個小孩生日的當天，
單獨和每個孩子好好聊一聊。
帶當天的壽星出門，挑禮物，在餐廳吃飯。
在不一樣的環境和氣氛下，容易主動聊起平常不說的話題。

找出對方認為特別的時間，讓彼此在放鬆、愉快的心情和地點中，分享心情，也更能加深雙方情感。

11 談話最恰當的時間長度，是四十五分鐘

太冗長的談話容易流於閒聊，把握彼此都能專注的黃金時間

家人、朋友、或者主管與部屬之間，只要能夠空出時間和對方好好談話，無論公私上的人際關係，都將更圓滿。想好好的和對方說話，不是需要很長的時間嗎？而且若是對方另有計畫，佔用太長的時間，似乎並不妥當。

對話太冗長，容易變成閒聊

不過，想要打動對方的心，了解他的想法，不能只抱持「反正只是說話，不費力氣」，其實「傾聽」很需要專注力及充足的精神。

在剛開始一段對話時，或許你很認真的傾聽並回應，但後來就漸漸無法維持

專注力了。

假如想針對某個主題或事件和對方談一談，建議最適當的時間為四十五～六十分鐘。事實上，心理諮詢師給每位諮商者的談話時間，通常都不會超過一小時，也是相同的道理。

為什麼心理專家設定一段談話，最好要在四十五～六十分鐘？有兩個理由。

一、針對一個主題討論時，一小時內最恰當。

二、過度冗長的時間，將導致雙方無法維持專注力。

也就是說，不管在日常生活中或工作上，若能空出四十五～六十分鐘的時間，就可以達到深入談話、打動人心的目的；而超過這個時間，精神就無法集中，反而成為沒有目地的閒聊了。

Point!

「傾聽」不需要一段過於冗長的時間。

聽出對方的內心話，不用長篇大論

有特定主題的談話，專家建議：

最適當的時間長度為 **45～60 分鐘**。

談話長度不要超過 1 小時的兩大考量

❶ 針對一個主題討論時，一小時內最恰當。

❷ 過度冗長的時間，將導致雙方無法維持專注力。

➡ **在日常生活中或工作上，若能空出四十五～六十分鐘的時間，就可以達到深入談話、打動人心的目的。**

12 如何正確提問、聽出對方的暗示？

回想看看，你在與人對話時，是不是習慣用「疑問句」開頭？

例如，太太會問先生：「為什麼這麼晚才回家？」先生會問太太：「為什麼你總不記得隨手關燈呢？」爸媽會問孩子：「為什麼你常弄丟東西？」。

這些對話裡的「為什麼」，其實並非只是單純的疑問句。

用問句包裝的責備，任誰聽到都會不高興

「為什麼……呢？」這個問句並不是在「詢問原因」，真正的目的是「責備對方」，有時英文中的「Why」也未必是真的疑問句。

「為什麼？」開頭的問句，聽起來還隱含著一種意思：「我不懂你這麼做的理由」，因為發問者認為「不應該這樣做」，所以便說出**表面上是詢問、其實帶著責備口吻的問句**。而接收的一方感受到問句中責備的意思，便還以尖銳的回

應，最後常導致雙方引發口角。

問原因時，少用「為什麼」開頭

心理諮商師對於前來求助的人，不會用「為什麼」當作問句開頭。當他們想詢問行為動機或理由時，他們會說：「是不是有什麼**原因**呢？」、「可以和我說說**經過**嗎？」

以上兩個問句都是在詢問「理由」，但因為避開了「為什麼……？」的句型，可以避免讓對方產生被責備的感覺。

Point!

想要詢問理由時，盡量避免用「為什麼」開頭。

想解決問題，就不能預設立場

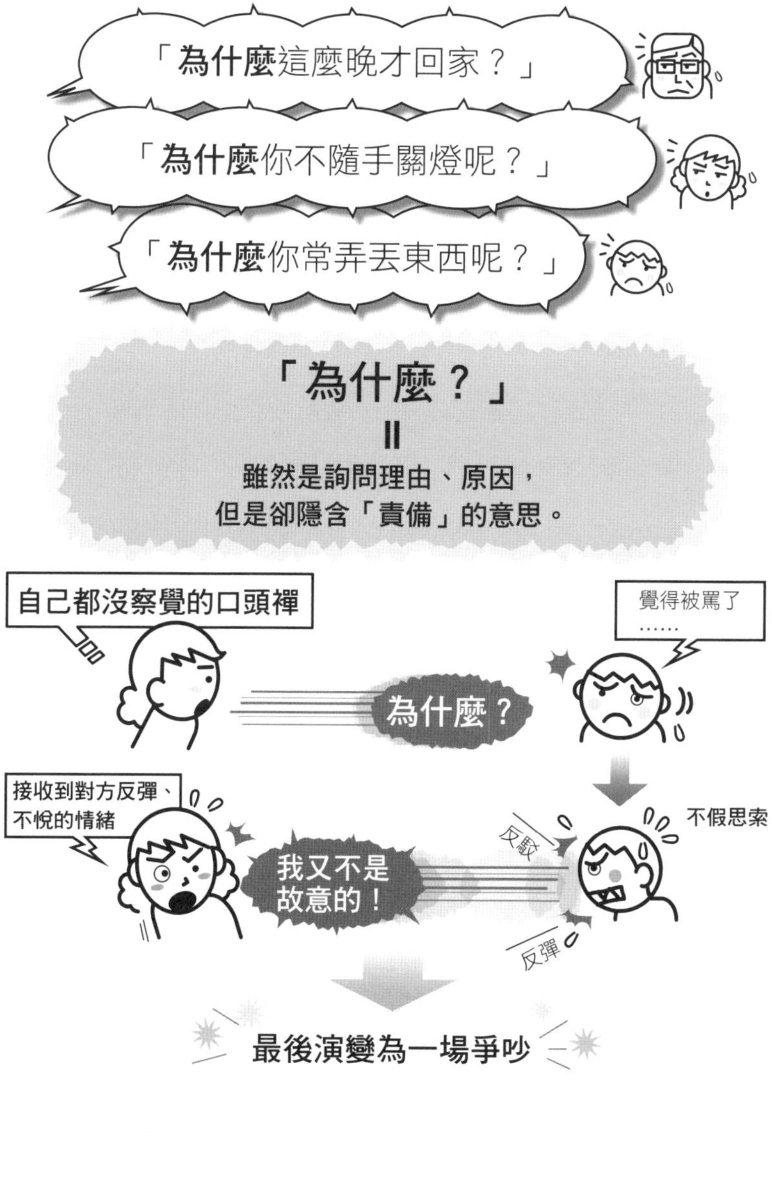
「為什麼這麼晚才回家？」
「為什麼你不隨手關燈呢？」
「為什麼你常弄丟東西呢？」
「為什麼？」
II
雖然是詢問理由、原因，
但是卻隱含「責備」的意思。
自己都沒察覺的口頭禪
覺得被罵了
……
為什麼？
接收到對方反彈、
不悅的情緒
不假思索
反駁
我又不是
故意的！
反彈
最後演變為一場爭吵

第6章

情緒不同，暗示語言也不同

聽出談話中的各種情緒，決定這時該提問、附和或是點頭就好。
說出對方想聽的話，打開話匣子、聊出好人緣。

1 高明的傾聽技巧，能掌握全場氣氛

聽出重點、適時附和，比滔滔不絕更有說服力

「傾聽」是維持心靈健康的最佳補給品，這裡所謂的「維持（maintenance）」，還有修理、維護的含意。當我們與人對話，並獲得對方的理解時，心也能走向平靜。而在「傾聽」的同時，你也正在「維持心靈健康」。

然而，現代社會為追求「結果主義」，「快速、大量、完美」已成為最高的行為宗旨，人們因此疲於奔命，已經慢慢地無法維持心靈健康。

在一個人人心靈都健康的理想社會中，大家都能夠先「傾聽」彼此的心情，**也能輕易向對方說出：「今天還好嗎？」、「辛苦了」、「你很努力！」等，加油打氣的關懷問候。**

來找我諮詢的人們，通常來傾吐的內容，並不是「我工作做不好，怎麼辦？」，而是「都沒有人了解我的心……好難過」。同事、朋友、夫妻之間，似乎都在向對方說：「假如你不做好應該做的事，別指望我關心你」。

在接受諮詢後，了解如何將正確傳達自己的想法之後，大部分的人都能提高心靈的健康指數，也就是**加深和其他人的相互理解**。

當一個人認為對方不了解自己時，便開始萌生「是不是我表達上有問題？」的想法，而漸漸失去自信。若能在談話中表現出「**我真的了解你**」的態度，就能讓和你對話的人感到安心、安定，人人都想再和你多聊聊。

Point!

一段互相理解的對話，可為人們的內心帶來安全感。

讓對方盡情、放心說，你該如何傾聽？

■ 聽懂別人說話，比滔滔不絕更有說服力

一段互相理解的對話 ＝ 可以讓彼此感到安心

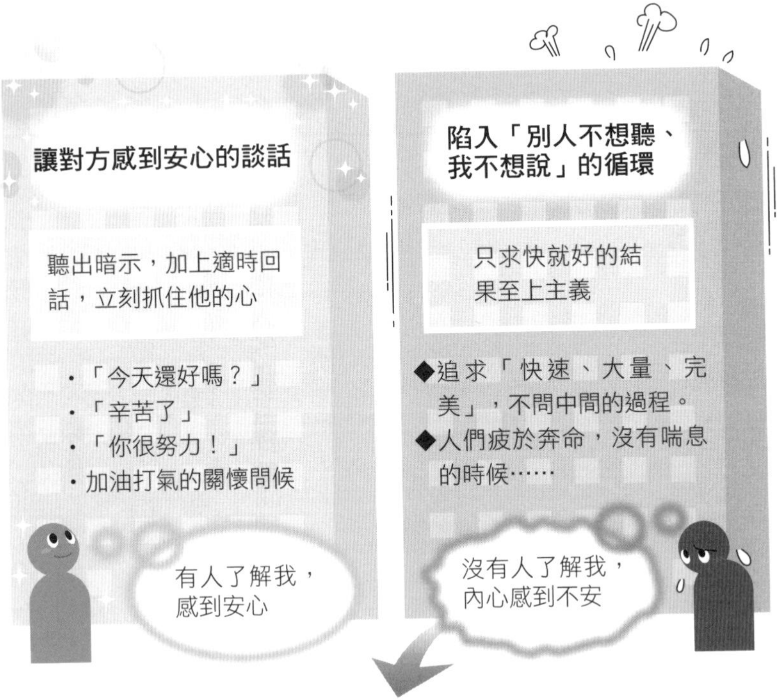
讓對方感到安心的談話
聽出暗示，加上適時回話，立刻抓住他的心
‧「今天還好嗎？」
‧「辛苦了」
‧「你很努力！」
‧加油打氣的關懷問候
有人了解我，感到安心
陷入「別人不想聽、我不想說」的循環
只求快就好的結果至上主義
◆追求「快速、大量、完美」，不問中間的過程。
◆人們疲於奔命，沒有喘息的時候……
沒有人了解我，內心感到不安

➡ **敷衍的回應，會讓對方心中感到「是不是我表達有問題」，拒絕開口說更多。**

2 對方冗長表達時，「畫重點」引導他回話

適時總結不僅使談話有重點，也讓對方感到放心，願意說更多

「不擅長表達」可分成許多種，有些人不擅長有系統、有條理地表達，有些人則不知道如何用適當的措詞表達自己的想法；而有些人常在說話說到一半時岔題，或是在不熟的人面前，容易因緊張而口拙。

因此，當我們在聆聽「不擅長表達」的人說話時，首先記得切勿急躁，先暫時聽對方說話，等確定他說到一個段落時，**再將你所理解的部分摘錄重點，並做出回應。**

假如你的回應與對方想表達的主旨相同，他就會認為「你真懂我」，而能放心的繼續說下去；若是你所做出的重點整理，與對方真正的意思有所出入，他也

可再重新表達一次，確認你沒有會錯意。如以上所說，當我們面對不擅長表達的人時，**就要把握機會，讓對方知道「我懂你在說什麼」**。

聽小孩子說話時也是相同的道理，因為表達能力不足，孩子常常想到什麼說什麼，無法有系統的表達自己的想法。這時候，你也可以將自己所理解的部分重點整理，例如：「你的意思是，和爸爸去散步很開心？」，當你整理對話並回應時，孩子也會點頭同意，知道有人懂自己的想法，孩子也會很開心。

當聽眾有所回應，不論對象是小孩或不擅長表達的人，都能感到安心，**並更有勇氣地繼續表達自己想法**，因為你的回應，假以時日，他們也有機會成為表達和聆聽的高手。

Point!

重點整理，是幫對方釐清方向。

溝通時，你是否能讓對方暢所欲言？

◆「不擅長表達」的人，有以下四種：

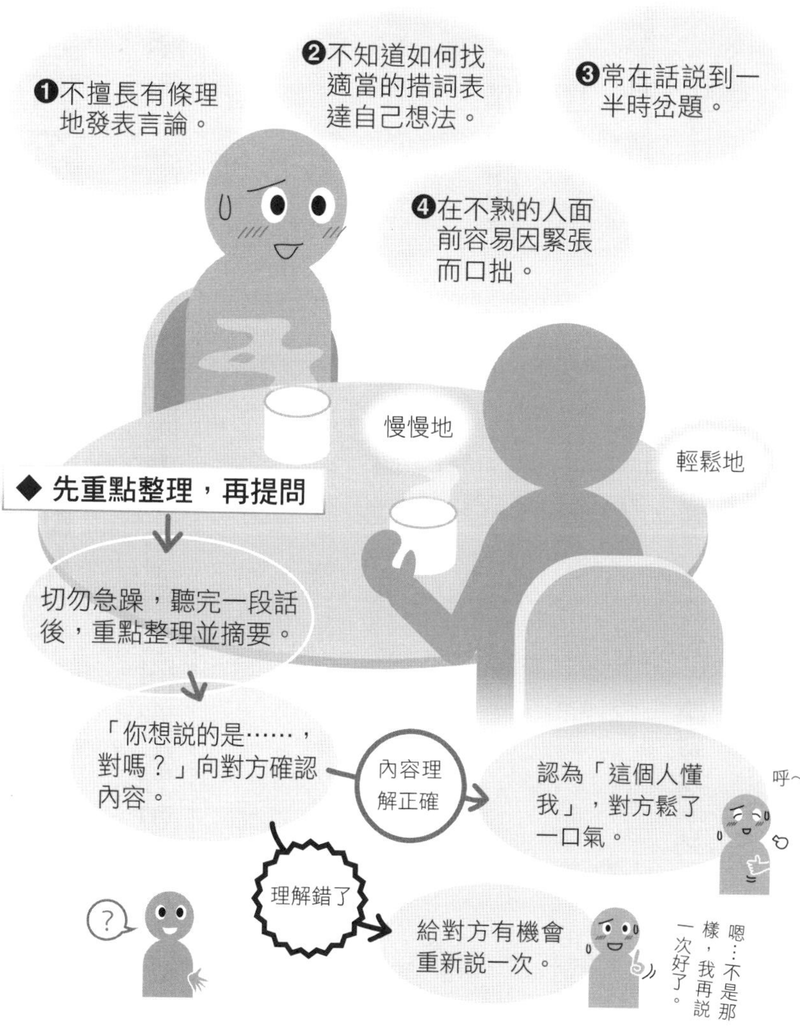
❶不擅長有條理地發表言論。
❷不知道如何找適當的措詞表達自己想法。
❸常在話說到一半時岔題。
❹在不熟的人面前容易因緊張而口拙。
慢慢地
輕鬆地
◆ 先重點整理，再提問
切勿急躁，聽完一段話後，重點整理並摘要。
「你想說的是……，對嗎？」向對方確認內容。
內容理解正確
認為「這個人懂我」，對方鬆了一口氣。
呼～
理解錯了
?
給對方有機會重新說一次。
嗯……不是那樣，我再說一次好了。

3 對方沉默寡言，告訴他「我想聽你說」

消除「一定要說話」的壓力，用耐心回應談話中的空白

平常較沉默寡言的人裡面，有些人比較不擅長說話，但卻喜歡聽別人說話。

面對這種較寡言的對象，你可以直接告訴他：「我想聽聽你的想法」。

直接說出你的期待

「我想知道你的想法」、「我想分享你的心情」，面對談話中寡言的對象，你可以試著直接傳達「想聽你說話」的心情。

不過，**在傳達你的期待時，小心不要變成命令句，讓對方感到不得不開口的壓力**，例如「我在等你開口」、「換你說話了」，用期待句告訴他：「我想聽你

說話」。

只要讓他知道你「想知道」、「想聽」的心情，他就會因為想滿足「你想聽」的期待，試著開口說看看。

讓他知道，沉默和表達都是一種選擇

我在主持某次研習時，幾位同公司的學員中，有一個人總是被大家命令：「你別老是不說話，快點說些什麼！」這時候我告訴他：「沒關係，你也可以選擇保持沉默。」

後來，這位平常在團體中寡言的人告訴我：「其實，我只是選擇了『不發表意見』，結果大家一直強迫我要說話，反而會讓我更卻步、更不想開口。但當我聽到『你也可以選擇保持沉默』時，才發現原來以前我都選擇了『保持沉默』的選項。」當他明白這件事之後，便能開始放心自在地發言了。

當他從「不得不說」的壓力下解脫，重獲發言主導權時，就能在自己想開口的時候說出自己的心聲了。

接著，當他開始習慣與人分享後，之前默默聆聽大家說話時所累積的深度思考能力，就能讓他說出內心整理過的優質想法，彼此討論溝通時也更有火花。

Point!

不要告訴他「請開口說話」，而是「我想聽你說」。

讓沉默寡言者開口說話，有妙招

當他從「不得不說」的壓力下解脫，重獲發言主導權時，就能在想開口的時候說出自己的心聲了。

4 對方講不停，你得知道如何發問

有想法的人總是樂於分享，談話時多互動，你會有更多收穫

有些人不管對象是誰，總是能口若懸河地高談闊論，自顧自地往下說不停，彷佛一場單人演唱會一般。

有些人雖然話比較多，但內容十分有趣，能吸引你一直聽下去，若是你要在中途插話，可以先告訴對方「抱歉，我先暫時打斷一下」，讓他稍微停下來，或是提出「可以讓我簡單補充一下剛剛的部分嗎？」

抓住空檔插話，兩人的互動更精彩

面對一個不停說著話的人，有禮地告訴他「我先暫時打斷一下」，讓他暫時

停下來，接著，你就在這個空檔將自己想提的疑問、想說的感想表達出來。

如以上所述，**若你適時在中途插話，與他交流看法和疑問，以後你們在生活中互動的可能性也會提高。**

不只是面對面，在通電話時，有些人也是習慣單方面的講不停。當我們面對這種狀況時，可以藉由「然後呢？」、「對，我也這麼覺得」、「可以提問一下嗎」，**從對方說話的空檔中，找時機說出能與對方產生互動的回應**，就不會造成單方面開講或單方面聆聽的局面了。

「請說慢點」，代表你真心想聽

有些人說話很快，當你跟不上話題的發展或無法理解對方說話內容的時候，假裝在附和的話很有可能會被拆穿，**建議直接和他反應「講話慢一點，大家跟不上了」**。

不過，習慣說話速度快的人，就算一開始說話時刻意放慢速度，但不久也會因為習慣而漸漸加速。所以你也要適時提醒對方「放慢速度」，別擔心不禮貌，對方會認為這是你想要認真聽他說話的回應。

Point!

與人對話時，必須一邊聆聽，一邊找插話的機會。

讓連珠炮踩煞車的方法

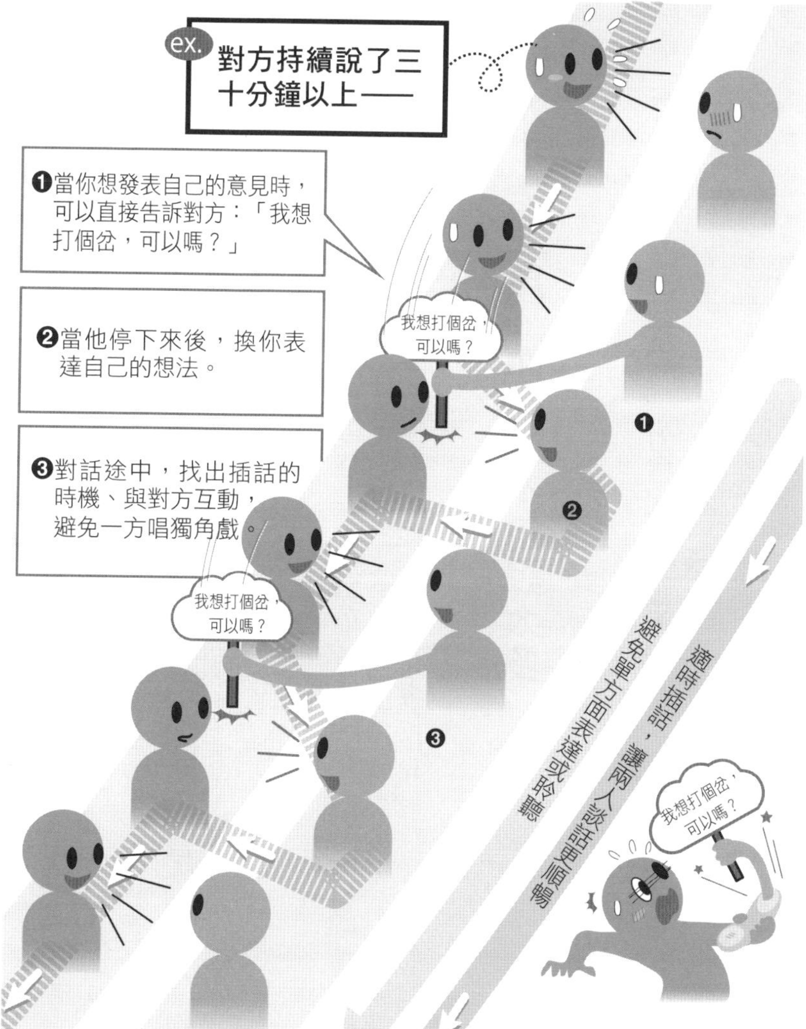
ex.
對方持續說了三十分鐘以上——
❶當你想發表自己的意見時，可以直接告訴對方：「我想打個岔，可以嗎？」
❷當他停下來後，換你表達自己的想法。
❸對話途中，找出插話的時機、與對方互動，避免一方唱獨角戲。
我想打個岔，可以嗎？
我想打個岔，可以嗎？
❶
❷
❸
適時插話，讓兩人談話更順暢
避免單方面表達或聆聽
我想打個岔，可以嗎？

講電話時，也可以一邊聽，一邊找插話時機。

5 不需要「同感」，只需要「共感」

分享慘事只會讓雙方情緒低落，安慰的原則是鼓勵、打氣

當你要聽心情低落的朋友訴苦時，一定要抱持感同身受的心情傾聽，同時要讓對方知道，你了解他的處境和遭遇，也能了解他低落的情緒。

訴苦的人才是主角，你的事不用說太多

在安慰與聆聽時，千萬不要和對方一起大吐苦水。當你因為他的遭遇萌生「同感」時，或許心情低落的一方會因此獲得認同感，但是，最後卻變成兩個人一起陷入低落的情緒中。

一起心情低落，非但無法幫助到對方，反而會讓對方萌生「把朋友捲進來自

己的痲煩事，真是不好意思」的感覺，原本的壞心情，更變本加厲地跌到了谷底——你非但沒幫上忙，還讓對方心情更糟。

聆聽對方的遭遇時，要感同身受，同時以理性、中立的情緒給予安慰和鼓勵，**這會讓心情低落的對方在訴苦完之後，獲得振作起來的力量**，也達到希望吐苦水後心情能較為輕鬆的目地。

安慰對方，掌握「共感」原則

在安慰與傾聽時，絕對不可以加入自己的感覺和情緒，例如「真的好慘喔」、「事實上，我之前也超慘……」等，反而和對方一起大吐苦水，甚至反過來變成對方在聽你訴苦、失去傳達自己想法的機會了。

面對心情低落的人，傾聽時，必須感同身受，告訴對方：「我很了解你的心情，有什麼事情是我可以幫上忙？」讓對方感受到你的支持，但你並沒有跟著陷入愁雲慘霧的低潮中。

「一定很辛苦吧！」設身處地為別人著想，告訴對方「無論如何，我會一直站在你這邊」，這樣的態度才是最重要的。

Point!

與對方的心情產生「共感」，而非陷入相同的狀態。

絕對不要說：「其實我聽過更慘的……」

聆聽對方的低潮，別變成兩人的訴苦大會。

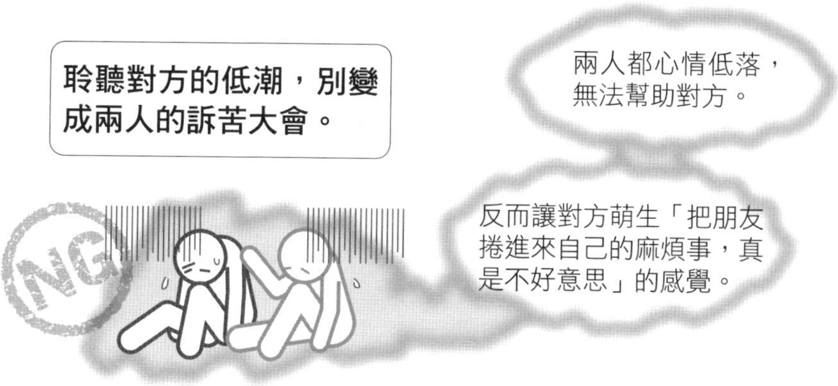
兩人都心情低落，
無法幫助對方。
反而讓對方萌生「把朋友捲進來自己的麻煩事，真是不好意思」的感覺。
NG

NG

「其實，我最近也超慘……」，**反而和對方一起訴苦**，甚至反過來變成別人要安慰你。

對方失去表達自己想法的機會。

●傾聽時要感同身受：**「我很了解你的心情，我能幫上什麼忙？」**讓對方感受到你的支持。

小心！安慰人時，別變成兩人的訴苦大會。

一起在心情低落的海面上搖晃～

good!

6 如何聆聽憤怒者說話？

憤怒通常是為了掩飾沮喪，聽出話語中讓他感到挫折的原因

當人陷入瓶頸，無法靠自己的力量抽身時，一定會感到挫折、憤怒。因為靠自己的力量無法解決，所以會希望得到周遭人的理解。通常遇到這種狀況時，人會出現兩種反應：**一是「盲目地反擊」，二是「逃避」**。

生氣怒吼，其實是一種防衛機制

選擇第一種反應的人，認為「只要大聲咆哮、發怒，就可以解決問題」，因此開始大聲地攻擊對方，當發現「自己一點勝算也沒有時」，便會轉為沉默，或者逕自離開現場。

他生氣的原因是？別自己對號入座

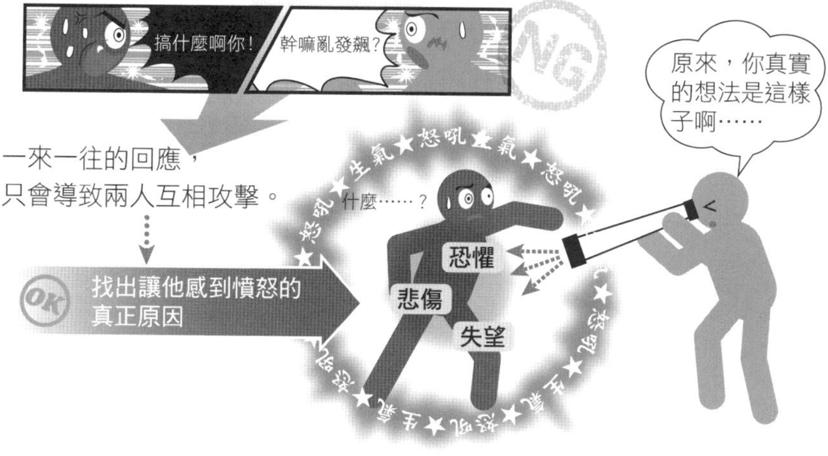
搞什麼啊你！
幹嘛亂發飆？
NG
原來，你真實的想法是這樣子啊……
一來一往的回應，只會導致兩人互相攻擊。
什麼……？
OK
找出讓他感到憤怒的真正原因
恐懼
悲傷
失望

他生氣、怒吼的真正原因是什麼？別把自己當成箭靶，從旁觀者的角度，才看得清楚。

然而，當我們乍然遭到無端的怒吼，因為內心感到害怕，自然也會以大嗓門還擊。**對方的憤怒情緒傳染到自己身上，我們也藉由咆哮回擊，表達自己的憤怒。**

其實看似生氣、怒吼的人，內心深處隱藏了「恐懼」、「悲傷」、「失望」……等各種想法。只要能夠理解這些隱藏的心情，就進而能知道他所遇到的麻煩和困境，也能了解「對方的怒氣，不是針對你」。

當有人對自己怒吼時，我們的

優先反應不是「反嗆回去」，要試著理解對方真實的情緒，才能夠找到相互了解之道，每一段對話，都應該要從面對自己內心真正的感覺開始。

看起來似乎在發怒的人，不是針對你

有些人看起來，好像老是在不高興，其實，**他只是單純習慣用憤怒表現不愉快的感覺而已。**

有些人說話聲音總是很大聲，聽起來永遠都彷彿在生氣一般，當時我的駕訓班教練就是這種類型，每件事都吹毛求疵，所以當時我十分害怕，最終因為無法好好開車而被迫重考。

接著有一天，我鼓起勇氣對他說：「教練，你突然講話這麼大聲，我會害怕。」

他便告訴我：「啊，真不好意思，我天生是大嗓門，以後我會注意的。」

聽到他這麼回答，我倒是鬆了一口氣，原來他根本不是在對我生氣，心中的壓力頓時消除了。

當對方在生氣的時候，**只要老實說出自己害怕的感覺**，有時會發現，**對方根本不是針對你，或者原本就毫無惡意。**

Point!

不要只想著壓倒怒吼的憤怒者。

7 聽別人抱怨時，最好站在同一陣線

對方想尋找認同，而不是自以為是的分析和說教

當我們聽別人抱怨的時候，最重要的就是必須和對方站在同一陣線，「真的！你說的很有道理！」、「難怪你會生氣」，而且要特別注意：**千萬別給任何建議**。

先讓他一吐為快，再引導做正確決定

例如，朋友向你抱怨今天搭公車發生的狀況：「今天我搭公車的時候，司機開得很快，一路上又老是急煞車，我受不了，請他開穩一點，他居然回答『我平常就是這樣開』，當時真想跟他說：『如果乘客因為這樣跌倒的話怎麼辦？』可

是司機回話態度已經很差了，跟他說下去也沒用，只好默默的下了車。」

「怎麼會有這種司機啊？哪一個路線的？」

「是XXX號公車。」

「你有記下司機的名字嗎？」

「嗯，我有特別留意。」

「那就打電話去那間客運，跟他們反應說這位司機的態度和開車的狀況這麼糟糕，實在太離譜了。」

以完全挺朋友的角度回應，對方的壞心情應該可以一掃而空。當對方想要「抱怨」時，正是受了委屈、希望有人來**分擔自己的情緒**，這時候，就算你知道對方太情緒化，也暫時先別給理性中立的正確答案。

Point!

面對抱怨時，絕不一開口就給建議。

聆聽抱怨時，「正確答案」不一定是好答案

■ 當對方大肆抱怨時，這樣回應就對了：

「真的！你說的很有道理！」「難怪你會生氣」

■ 聆聽抱怨時，絕對 NG 的兩種回答

❶自以為是的**提供中肯建議**

❷「你的反應也太誇張了」→批評對方

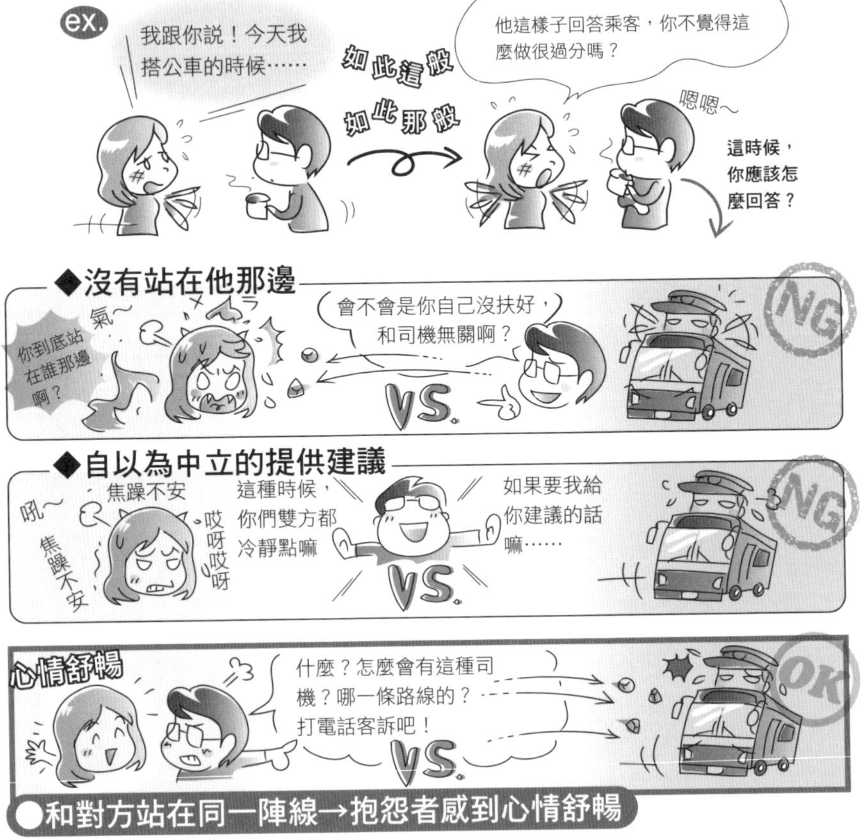

8 別人向自己道歉，該如何回應？

搞清楚狀況再開口，重要的是讓他找出犯錯的原因

當我們犯了錯，要向別人道歉時，有時可以說聲「不好意思」就解決，但有些錯誤，必須要牢牢記住，並下定決心不犯第二次才行。

人非聖賢，任何人都可能犯錯或失敗。有些是因為不完美或疏失而造成的過錯，可以透過某種形式加以補償，但有些過錯卻是永遠無法彌補的。

聽完理由，再簡短明確的責備

責備過去的往事，只是一種消極的解決方式。當對方真誠地「道歉」時，打

關懷和原諒，善用「正面對話」

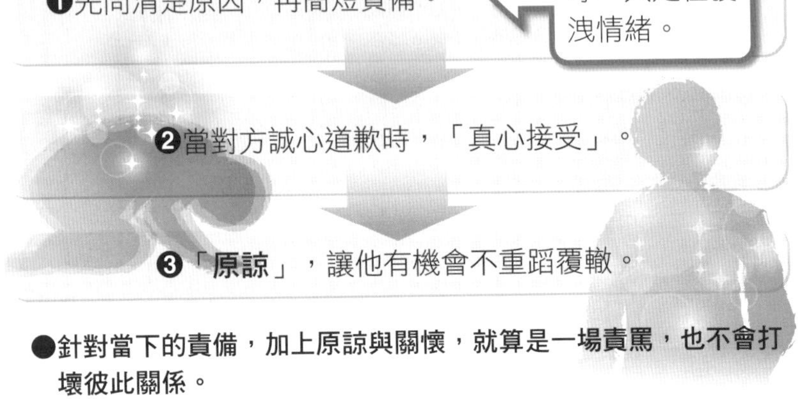

當對方犯錯時，記得以下三步驟

❶先問清楚原因，再簡短責備。

立刻就發火咆哮，只是在發洩情緒。

❷當對方誠心道歉時，「真心接受」。

❸「**原諒**」，讓他有機會不重蹈覆轍。

●針對當下的責備，加上原諒與關懷，就算是一場責罵，也不會打壞彼此關係。

從心底接受並原諒，唯這種積極的回應，才能讓對方日後絕不再重蹈覆轍。

當一個人想表達歉意時，也必須有表示的管道和機會。對於積極尋求道歉機會的人，應該給予他機會說明原因。**聽了對方的說明，才能了解事情的來龍去脈。**

比方說，當一位同事上班遲到了，或是朋友聚會時有人特別晚到，不能以「遲到了不好意思」就想打發，如果能夠說明原因──例如「捷運故障」，就能讓對方更了解事情發生的原委。

有些父母會對犯錯的孩子說「不要

找藉口」，於是孩子會因此感到害怕而退縮，無法告訴父母自己犯錯的理由與感到懊悔的心情。

當我們要責備他人、聽到別人道歉時，希望大家務必記住：「人非聖賢，孰人無過」。你真心的接受並原諒，對方才有機會證明自己已經改過了。

Point!

真心接受並「原諒」，採取積極的應對方式。

職場通 職場通系列018

聽懂暗示，跟誰都能聊不停

【圖解】50個提問、附和、暗示的傾聽技巧
[図解]相手の気持ちをきちんと聞く技術

作　　者　平木典子
譯　　者　郭欣怡
主　　編　賴秉薇
封面設計　許晉維
內文排版　菩薩蠻數位文化有限公司

出版發行　采實出版集團
業務經理　張純鐘
企畫業務　王珉嵐・張世明・楊筱薔
會計行政　賴思蘋・孫瑩珊
法律顧問　第一國際法律事務所　余淑杏律師
電子信箱　acme@acmebook.com.tw
采實官網　http: //www.acmestore.com.tw
采實文化粉絲團　http: //www.facebook.com/acmebook

ISBN　978-986-9124-03-4
定　　價　280元
初版一刷　2015年03月12日
劃撥帳號　50249912
劃撥戶名　核果文化事業有限公司
100台北市中正區南昌路二段81號8樓
電話：（02）2397-7908
傳真：（02）2397-7997

國家圖書館出版品預行編目資料

聽懂暗示，跟誰都能聊不停：【圖解】50個提問、附和、暗示的傾聽技巧／平木典子；郭欣怡譯-初版- -臺北市：核果文化,民104.3面；公分.--（職場通系列；18）譯自：[図解]相手の気持ちをきちんと聞く技術

ISBN　978-986-9124-03-4

1.說話藝術　2.溝通技巧　3.人際關係
192.32　　104001710

ZUKAI AITE NO KIMOCHI WO KICHINTO KIKU GIJUTSU
©NORIKO HIRAKI 2013
Illustrations by Minoru Saito
Originally published in Japan in 2013 by PHP Institute, Inc., TOKYO,
Traditional Chinese translation rights arranged with PHP Institute, Inc., TOKYO,
through TOHAN CORPORATION, TOKYO, and Keio Cultural Enterprise Co., Ltd.

核果文化
CORE PUBLISHING

NEW ARRIVAL

核果文化 暢銷新書強力推薦

懂得讚美，
比責罵更重要！

願意說重話的主管，
才是你的貴人。

嶋田有孝◎著／張婷婷◎譯

聽出暗示語，
學聰明回話術。

比起外語能力、簡報技巧，
上班族更應該懂得回話的技術。

樋口裕一◎著／郭欣怡◎譯

無論各種場合，
讓人人都想聽你說

劉寶傑強力推薦！

石川光太郎◎著／周若珍◎譯

NEW ARRIVAL

核果文化 暢銷新書強力推薦

讓客人第一眼就有好感，三秒內開心買單。

3 秒內抓住客人眼球的超高坪效陳列術。

榎本博之◎著／鍾嘉惠◎譯

找回100分的人生，就從寫手帳開始！

40種筆記提案全圖解，

工作、生活、理財……一本手帳就搞定。

佐藤惠◎著／蔡麗蓉◎譯

【全新暢銷增訂版】

最新熱門房市議題大蒐錄

熱銷三萬本，房仲人手一本的教科書。

徐佳馨◎著

廣	告	回	信
台北郵局登記證			
台北廣字第03720號			
免	貼	郵	票

核果文化 采實文化事業有限公司

100台北市中正區南昌路二段81號8樓

核果文化讀者服務部　收

讀者服務專線：02-2397-7908

聽懂暗示，跟誰都能聊不停

50個用話看穿人心的傾聽技巧

郭欣怡◎譯

平木典子

職場通 **職場**通用回函
018

系列：職場通系列018

書名：聽懂暗示，跟誰都能聊不停

讀者資料（本資料只供出版社內部建檔及寄送必要書訊使用）：

1. 姓名：
2. 性別：□男　□女
3. 出生年月日：民國　　年　　月　　日（年齡：　　歲）
4. 教育程度：□大學以上　□大學　□專科　□高中（職）　□國中　□國小以下（含國小）
5. 聯絡地址：
6. 聯絡電話：
7. 電子郵件信箱：
8. 是否願意收到出版物相關資料：□願意　□不願意

購書資訊：

1. 您在哪裡購買本書？□金石堂（含金石堂網路書店）　□誠品　□何嘉仁　□博客來　□墊腳石　□其他：＿＿＿＿＿＿＿＿（請寫書店名稱）
2. 購買本書的日期是？＿＿年＿＿月＿＿日
3. 您從哪裡得到這本書的相關訊息？□報紙廣告　□雜誌　□電視　□廣播　□親朋好友告知　□逛書店看到　□別人送的　□網路上看到
4. 什麼原因讓你購買本書？□對主題感興趣　□被書名吸引才買的　□封面吸引人　□內容好，想買回去試看看　□其他：＿＿＿＿＿＿＿＿（請寫原因）
5. 看過書以後，您覺得本書的內容：□很好　□普通　□差強人意　□應再加強　□不夠充實
6. 對這本書的整體包裝設計，您覺得：□都很好　□封面吸引人，但內頁編排有待加強　□封面不夠吸引人，內頁編排很棒　□封面和內頁編排都有待加強　□封面和內頁編排都很差

寫下您對本書及出版社的建議：

1. 您最喜歡本書的特點：□實用簡單　□包裝設計　□內容充實
2. 您最喜歡本書中的哪一個章節？原因是？

＿＿＿＿＿＿＿＿＿＿＿＿＿＿＿＿＿＿＿＿

＿＿＿＿＿＿＿＿＿＿＿＿＿＿＿＿＿＿＿＿

3. 你最想知道哪些關於說話技巧的觀念？

＿＿＿＿＿＿＿＿＿＿＿＿＿＿＿＿＿＿＿＿

＿＿＿＿＿＿＿＿＿＿＿＿＿＿＿＿＿＿＿＿

4. 人際溝通、成功勵志、商業行銷、投資理財等，您希望我們出版哪一類型的商業書籍？

＿＿＿＿＿＿＿＿＿＿＿＿＿＿＿＿＿＿＿＿

＿＿＿＿＿＿＿＿＿＿＿＿＿＿＿＿＿＿＿＿